BIBLIOTHÈQUE PHOTO

LES

TABLEAUX DE PROJECTIONS MOUVEMENTÉS.

ÉTUDE DES TABLEAUX MOUVEMENTÉS,
LEUR CONFECTION PAR LES MÉTHODES PHOTOGRAPHIQUES,
MONTAGE DES MÉCANISMES.

Par H. FOURTIER.

PARIS,
GAUTHIER-VILLARS ET FILS, IMPRIMEURS-LIBRAIRES,
ÉDITEURS DE LA BIBLIOTHÈQUE PHOTOGRAPHIQUE,
Quai des Grands-Augustins, 55.

1893

LES
TABLEAUX DE PROJECTIONS
MOUVEMENTÉS.

OUVRAGES DU MÊME AUTEUR.

Dictionnaire pratique de Chimie photographique, contenant une *Étude méthodique des divers corps usités en Photographie*, précédé de *Notions usuelles de Chimie*, suivi de *Manipulations photographiques*. Grand in-8; 1892 (Paris, Gauthier-Villars et fils). 8 fr.

Les Positifs sur verre. *Théorie et pratique. Les Positifs pour projections. Stéréoscopes et vitraux. Méthodes opératoires. Coloriage et montage.* Grand in-8, avec nombreuses figures; 1892 (Paris, Gauthier-Villars et fils). 4 fr. 50.

La pratique des Projections. *Étude méthodique des appareils. Les accessoires. Usage et applications diverses des projections. Conduite des séances.* 2 volumes in-18 jésus, avec figures; 1892 (Paris, Gauthier-Villars et fils).

Tome I. *Les Appareils*, avec 66 figures. 2 fr. 75.
Tome II. *La séance de projection*, avec figures. (*Sous presse.*)

BIBLIOTHÈQUE PHOTOGRAPHIQUE.

LES TABLEAUX DE PROJECTION MOUVEMENTÉS.

ÉTUDE DES TABLEAUX MOUVEMENTÉS,
LEUR CONFECTION PAR LES MÉTHODES PHOTOGRAPHIQUES.
MONTAGE DES MÉCANISMES.

Par H. FOURTIER.

PARIS,
GAUTHIER-VILLARS ET FILS, IMPRIMEURS-LIBRAIRES,
ÉDITEURS DE LA BIBLIOTHÈQUE PHOTOGRAPHIQUE,
Quai des Grands-Augustins, 55.

1893

PRÉFACE.

Après avoir eu, avec Robertson et ses successeurs, un moment de grande vogue, les tableaux mouvementés tendaient peu à peu à tomber dans l'oubli; c'est que les moyens de projection s'étaient de plus en plus perfectionnés et que, grâce à la Photographie, on s'était habitué à des images d'une excessive finesse dans les détails, capables de supporter de forts grossissements; tandis que les tableaux mouvementés, jusqu'alors peints et dessinés à la main, en présence de ces agrandissements considérables, ne semblaient plus être, quelque soin qu'on ait pris à leur confection, que de grossières enluminures.

Cependant ce genre de tableaux à le grand avantage d'amener un peu de variété au cours d'une séance de projection; il rompt heureusement la monotonie des vues immobilisées par la Photographie; il peut apporter une note gaie, qui délasse ou donne l'illusion de la vie; aux projections scientifiques il fournit un utile appoint, soit qu'il serve à démontrer les lois du mouvement, ou à faire comprendre la marche des phénomènes naturels, ou les relations des diverses pièces d'un mécanisme.

La Photographie, avec la multiplicité de ses ressources actuelles, peut servir à confectionner ces tableaux mouvementés et leur donner les qualités qui leur manquaient. Grâce à la chambre noire, il sera possible de composer des vues qui joindront à la finesse dans les détails, à la vérité dans le rendu, une apparence de vie, non sans charme. Il nous a semblé que l'étude des divers mécanismes, pouvant être utilisés dans ce but, présenterait de l'intérêt à tous ceux qui s'occupent de Photographie et surtout de projections. Comme on le verra en parcourant ce Volume, les moyens généralement usités sont très simples, il suffit d'un peu de goût et d'adresse manuelle pour arriver à produire les effets les plus variés.

Nous étudierons donc dans ce Volume et les procédés photographiques pour préparer ces vues et les moyens mécaniques pour les mouvementer; il y a là une intéressante application de la chambre noire qui, nous l'espérons, sera bien accueillie par les lecteurs de la *Bibliothèque Photographique*.

H. F.

LES

TABLEAUX DE PROJECTIONS MOUVEMENTÉS.

CHAPITRE I.

LES TABLEAUX MOUVEMENTÉS.

Tableaux mouvementés. — Les illusions de la vue. — Emploi des tableaux mouvementés. — Classification des mécanismes. — Emploi de la Photographie. — Le fond noir. — Silhouettage en noir. — Réserves en blanc.

1. Tableaux mouvementés. — Les tableaux mouvementés ou mécanisés sont destinés soit à rompre la monotonie des séances de projections, dont les vues le plus souvent monochromes et immobiles peuvent fatiguer à la longue; soit à faire la démonstration d'un phénomène naturel, ou à reproduire les lois du mouvement à l'aide de photographies prises à intervalles rapprochés, d'après les méthodes de MM. Marey, Londe, Anschutz, Muydbrige, etc.

En général, des mécanismes, d'une extrême simplicité, suffisent pour produire les effets les plus variés : le plus souvent, le déplacement d'une cache remplit le but proposé; un léger mouvement de va-et-vient ou de rotation donné à une pièce mobile permet d'obtenir des résultats qui semblent, pour le spectateur, être produits par des combinaisons compliquées, et dont l'agencement, au contraire, est en réalité des plus simples.

2. Les illusions de la vue. — Comme on le verra en parcourant ce livre, la plupart des mécanismes reposent sur l'imperfection relative de notre œil, incapable de pouvoir saisir les mouvements trop vifs et ne pouvant avoir une perception nette des objets en mouvement que lorsque ceux-ci passent par une courte phase d'immobilité. Il suffira donc, dans la série d'attitudes qu'un personnage peut prendre au cours d'une action, de présenter quelques-unes des positions typiques par lesquelles il peut avoir à passer, pour que notre œil croie avoir *vu* la série probable des mouvements qui auraient dû être exécutés. Dans nombre de cas, il est même suffisant que les deux positions extrêmes de l'acte soient représentées pour que nous ayions l'illusion de l'action complète.

3. Emploi des tableaux mouvementés. — Les tableaux mouvementés sont employés d'habitude comme complément d'un premier tableau, pour l'animer ou en diversifier les effets, et ils exigent, dans ce cas, l'emploi d'une lanterne à deux ou plusieurs têtes; on représente ainsi les levers de lune, les effets des fumées, d'incendie, la tombée de neige, etc. D'autres, plus simples, peuvent être projetés avec une lanterne à une seule tête : tels sont les panoramas, les tableaux à leviers ou à caches, etc.

4. Classification des mécanismes. — Au point de vue du mécanisme, les tableaux mouvementés peuvent se diviser en quatre classes, qui sont les suivantes :

1° Les *tableaux à caches*, dans lesquels des caches convenablement disposées masquent ou démasquent certaines parties du tableau.

2° Les *tableaux à tiroir*, composés d'un verre fixe, comportant la plus grande partie du sujet et d'un verre mobile glissant devant le premier et qui contient le complément de l'action., Ces tableaux se divisent en *tableaux à longue course* et *tableaux à petite course*, suivant que le tiroir se déplace plus ou moins : les premiers servent particulièrement à faire défiler des panoramas, les seconds à opérer des changements.

Comme on a pu le comprendre par cette rapide exposition, ces deux premiers genres de tableaux donnent seulement des mouvements latéraux, on obtient des effets de rotation plus ou moins complète à l'aide des procédés suivants :

3° Les *tableaux à levier*, appelés en Angleterre *lever slides*, permettent d'obtenir des mouvements dans le sens vertical : une partie du sujet est dessinée sur un verre fixe, le complément sur un verre taillé en disque, auquel on imprime une oscillation à l'aide d'un levier.

4° Les *tableaux à rotation* sont composés de la même manière, mais le verre mobile peut tourner d'une façon continue à l'aide d'une corde sans fin ou d'un engrenage.

A cette nomenclature, il convient d'ajouter les mécanismes propres à produire ces curieuses rosaces tournantes qu'on nomme *chromatropes ;* ceux qui sont destinés à imiter la chute de la neige, de la pluie, le mouvement des eaux, les volutes de fumée, etc.

Enfin, il y a la série des appareils servant à donner l'illusion du mouvement réel, désignés sous le nom général de *phénakisticopes*, et dont les diverses variétés ont reçu les noms les plus divers par leurs constructeurs.

Tels sont, en résumé, les divers mécanismes que nous aurons successivement à étudier; nous nous efforcerons, au cours de cet Ouvrage, de donner des renseignements suffisamment complets et pratiques pour que l'amateur puisse facilement aborder ce genre particulier de projections et exécuter lui-même ces tableaux.

5. Emploi de la Photographie. — Dans les anciennes lanternes magiques, les tableaux mouvementés étaient obtenus à l'aide de verres peints; malgré le soin du dessinateur, le fini du travail, avec les grossissements actuels, il est impossible de se servir de pareils tableaux, qui ne semblent plus être, en projection, que de grossières enluminures. Mais grâce à la merveilleuse souplesse de la Photographie, à l'aide de quelques retouches habilement distribuées sur le cliché, on arrive très aisément à préparer ces tableaux, et, dans les pages qui vont suivre, laissant de côté les méthodes graphiques ordinaires, nous indiquerons de préférence comment on procède à l'aide de la chambre noire : lorsque nous ferons intervenir le dessin, ce sera toujours d'une manière très discrète et surtout comme moyen de retouche.

La plupart du temps, les épreuves directes sur nature pourront être employées; en ayant soin de prendre quelques précautions, d'user de tours de main que nous signalerons au fur et à mesure, on obtiendra les fonds, les décors nécessaires dans la préparation des tableaux mouvementés.

On peut aussi, à l'aide de photographies prises en des points divers, constituer le décor composite dont on aura besoin. Ayant tiré des épreuves positives aussi égales d'intensité que possible, on les découpe avec des ciseaux fins et on les colle sur du bristol de manière à donner les principaux détails; par quelques retouches de crayon ou d'estompe on relie les divers fragments entre eux, on ajoute les parties qui seront utiles, et l'on photographie de nouveau l'ensemble en le réduisant à la grandeur voulue; ou bien encore, sur une première photographie servant de fond, on colle des fragments divers découpés dans d'autres épreuves, et l'on modifie à son gré la première vue. On facilitera le travail en se servant d'épreuves de grandes dimensions, obtenues sur papier mat, et par cela même plus faciles à retoucher au crayon et à la gouache.

Par des retouches sur le négatif, grattages de la couche ou caches en vernis noir, selon le cas, on préparera aisément la scène à mouvementer.

6. **Le fond noir.** — Mais, pour l'exécution des tableaux dans lesquels il s'agit de faire mouvoir un personnage, il y aura lieu de recourir au fond noir, indiqué par M. Chevreul et dont M. Marey fait un usage constant à la station physiologique du parc aux Princes. Le noir absolu jouit de cette propriété d'être sans action sur la glace sensible; si, devant un pareil fond, on fait agir un personnage habillé de nuances claires, chacun des mouvements sera reproduit nettement sur la plaque, à la condition toutefois que ces divers mouvements ne se croisent pas, sinon on aurait des parties confuses.

Par un choix judicieux de poses, en se servant d'un obturateur toujours armé et permettant des expositions égales, il sera facile d'inscrire sur la plaque deux ou plusieurs positions, qui pourront être successivement masquées ou démasquées lors de la projection, et l'illusion du mouvement sera produite.

Le fond noir absolu, tel que l'a défini M. Chevreul, est

fourni par une cavité profonde, doublée intérieurement d'étoffe noire mate, plus particulièrement du velours. Un tel dispositif n'est pas à la portée des amateurs, mais il est facilement remplacé en photographiant le sujet devant la baie d'une chambre tenue dans l'obscurité et dont on aura eu soin de voiler au besoin les objets brillants à l'aide d'étoffes sombres. La grande différence d'illumination entre le sujet et le fond de la pièce, l'emploi d'obturateurs plus ou moins rapides feront que l'image du modèle aura impressionné la plaque avant que les fonds aient pu agir.

Une toile noire mate, tendue sur cadre, sera encore suffisante pour ces épreuves; mais, dans ce cas, il faut absolument que la toile soit très tendue, sinon, sur les bords des plis, il se produirait des lignes plus ou moins brillantes, réfléchissant de la lumière blanche et capables d'impressionner la plaque. Nous avons employé aussi avec succès une toile rouge (andrinople) tendue sur cadre.

7. Silhouettage en noir. — Quel que soit le fond employé, il sera utile de silhouetter l'épreuve positive en noir, la couche d'argent n'ayant jamais une opacité suffisante; on se sert, dans ce but, de vernis spéciaux.

Dans notre longue pratique des projections, nous avons reconnu que tous les vernis, en larges surfaces, ne tardaient pas à s'écailler par suite des alternatives de chaleur et de refroidissement qu'ils avaient à subir, et nous conseillerons toujours, pour les fonds, d'employer de préférence du papier à aiguilles (1). Le cliché étant posé sur le verre dépoli du

(1) On nomme ainsi une sorte de papier noir violet dans la pâte et qui servait primitivement à l'emballage des aiguilles, d'où son nom : il est souvent employé en Photographie à cause de son opacité pour envelopper les plaques sensibles, border les épreuves, etc.

pupitre à retouche, on le recouvre d'un morceau de papier blanc, mince, au besoin rendu diaphane par une couche de vernis copal, et découpé à la grandeur exacte du cliché. Sur ce papier transparent, on délimite au crayon le contour de l'ouverture à pratiquer dans la cache; les bords de l'ouverture doivent être un peu plus larges qu'il n'est nécessaire.

Ce modèle dessiné étant épinglé sur un morceau de papier à aiguilles, avec des ciseaux fins on découpe, dans les papiers superposés, l'ouverture marquée par le trait de crayon. Cette cache ayant été préparée, on cerne les contours de l'épreuve par un trait au vernis noir de 4^{mm} à 5^{mm} de largeur, et, quand le travail est sec, on colle sur le cliché le papier noir découpé : le silhouettage est ainsi très rapidement obtenu, les contours du trait au vernis et des bords de l'ouverture se recouvrant.

Parmi les différents vernis noirs qu'on peut employer, nous citerons les suivants :

VERNIS NOIR POUR SILHOUETTAGE.

Térébenthine	»	»	100^{cc}	»
Benzine	»	»	»	150^{cc}
Encre de chine épaisse	100^{cc}	100^{cc}	»	»
Bitume de Judée	»	»	»	30^{gr}
Gomme	10^{gr}	»	»	»
Glycérine	2^{cc}	»	»	»
Copal tendre	»	»	15^{gr}	15^{gr}
Noir de fumée	»	»	2 à 4^{gr}	q. s.
Bichromate de potasse	»	1^{gr}	»	»

8. Réserves en blanc. — Inversement, on peut être appelé, ainsi que nous aurons à le signaler au cours de cet Ouvrage, à réserver certaines parties en blanc, c'est-à-dire détruire des portions de l'image, qui devront être reportées

Reliure serrée

sur un autre verre, etc.; dans ce cas, on opérera soit par grattage, soit par réduction chimique. Le premier procédé est un peu brutal, et l'on risque de compromettre la solidité de l'épreuve en coupant la couche de gélatine; il est vrai que, par vernissage, on pourra donner à cette couche plus de solidité et, parmi les meilleurs vernis transparents à froid, nous citerons les suivants :

VERNIS TRANSPARENTS A FROID.

Alcool	100cc	100cc	100cc
Sandaraque	16gr	10gr	12gr
Térébenthine de Venise	17cc	20cc	»
Gomme laque	»	10gr	»
Mastic	»	5gr	»
Huile de ricin	3cc	»	4cc

Les procédés par réduction consistent essentiellement à protéger les parties à conserver par un vernis inattaquable par les réactifs, et à mettre l'épreuve ainsi préparée dans un bain réducteur : l'opération faite, on lave et l'on sèche, puis on recouvre le tout d'un vernis léger.

Les vernis que nous avons indiqués ci-dessus conviennent parfaitement pour faire les réserves; on peut aussi employer le vernis Parrayon étendu d'alcool, ou le vernis copal étendu de térébenthine. Le vernissage final se fera à l'aide du même vernis précédemment employé, mais très dilué avec de l'alcool : on l'étendra sur le cliché à la manière du collodion, en faisant revenir à plusieurs reprises le liquide sur la glace; on dissoudra ainsi les premières applications de vernis et l'on égalisera la couche générale.

Le réducteur Farmer (hyposulfite 5 pour 100 et ferricyanure rouge 5 pour 100), le faiblisseur Mercier (chlorure ammoniacal de cuivre et hyposulfite de soude) seront employés pour réduire les portions voulues du cliché; on procédera soit par immersion, soit en étendant le réducteur avec un pinceau doux; après un lavage soigné et séchage, on vernira comme nous l'avons dit. Enfin, si le négatif peut être retouché, on obtiendra ces réserves en mettant du vernis noir opaque dans les points nécessaires; au tirage, ces parties seront parfaitement transparentes sur l'épreuve.

Tels sont, en leurs grands traits, les procédés photographiques spéciaux; nous reviendrons sur leur emploi en étudiant les moyens pour mouvementer les épreuves.

Nous n'avons point à parler ici des divers modes de tirage employés pour ces épreuves sur verre. C'est un sujet que nous avons traité au long dans un Livre spécial (1).

---

(1) *Voir* : FOURTIER (H.), *Les Positifs sur verre. Théorie et pratique. Les Positifs pour projections. Stéréoscopes et vitraux. Méthodes opératoires. Coloriage et montage.* Grand in-8, avec figures; 1892 (Paris, Gauthier-Villars et fils).

CHAPITRE II.

TABLEAUX A CACHES.

Définition. — Effet des tableaux à caches. — Procédés photographiques. — Montage des tableaux à caches. — Repérage des caches. — Emploi des tableaux caches.

9. Définition. — Les tableaux à caches se composen essentiellement d'un dessin dans lequel deux positions différentes d'un même personnage ou d'une même action son simultanément représentées, silhouettées sur fond noir : ce dessin est monté dans un châssis en bois dans lequel glisse un verre transparent qui peut prendre deux positions successives, limitées par des taquets. Sur ce verre, on pratique à l'aide de vernis noir ou de découpages de papier à aiguilles des caches qui, dans l'une ou dans l'autre des positions masquent une partie du sujet, de telle sorte que, par suite du glissement du verre, les deux positions du sujet soient successivement vues.

Par l'alternance répétée du mouvement, on peut obtenir des effets d'un haut comique : d'autre part, comme nous l'avons déjà dit (2), par suite de la paresse relative de notre œil, le passage rapide d'une position à l'autre ne pouvant être saisi, il en résulte que le spectateur croit réellement voir la série des mouvements intermédiaires.

10. Effets des tableaux à caches. — Pour préciser le

mode de confection et d'emploi de ces sortes de vues, nous citerons l'exemple suivant (*fig.* 1 et 2). Sur le verre du fond on a représenté un singe tenant un chat par la queue, suspendu au-dessus d'un baquet plein d'eau; le singe a deux bras gauches greffés sur la même épaule : l'un tient le chat suspendu en l'air; l'autre, rabaissé, plonge le chat dans le baquet. Le verre à cache, poussé à fond, masque le bras

Fig. 1.

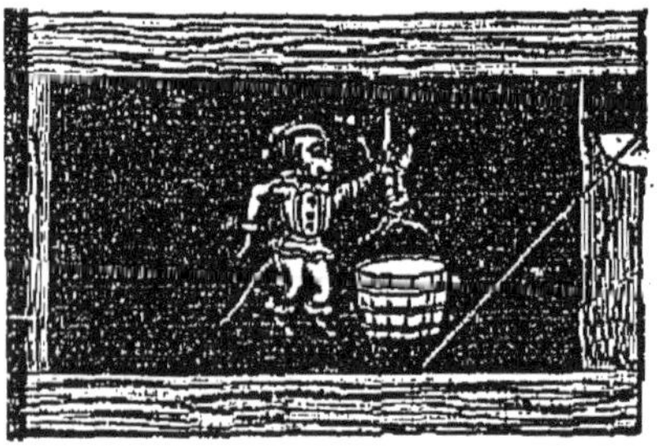

Fig. 2.

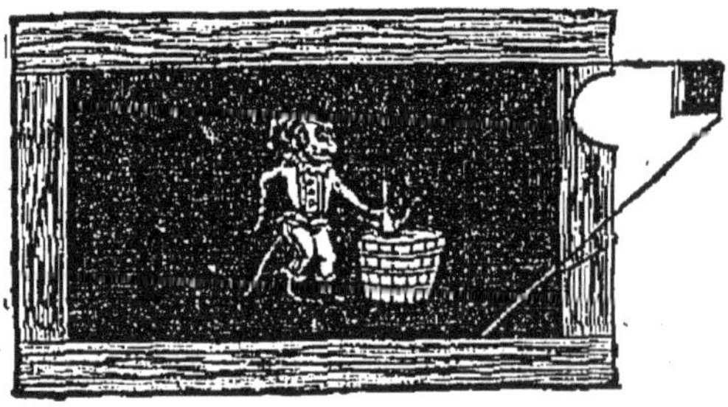

Tableaux à caches. — Effets produits.

gauche inférieur et l'on a l'effet de la *fig.* 1. Si d'un brusque mouvement on tire le verre de manière à l'amener à la seconde position, la cache, en se déplaçant, démasque le bras inférieur, mais une seconde cache vient à son tour se placer devant le bras supérieur et l'on obtient l'effet de la *fig.* 2. Par une série de manœuvres brusques du verre à caches, on donne au spectateur l'illusion d'une série de plongeons exécutés par l'infortuné matou, à la grande joie du singe.

11. Procédés photographiques. — Pour la préparation de ces tableaux, on emploiera le fond noir que nous avons indiqué dans le Chapitre précédent (**6**); comme dans le positif on sera obligé de silhouetter en noir le sujet, il sera possible d'employer tel moyen nécessaire pour assurer la pose du modèle. Des appuis-tête convenablement disposés serviront à indiquer les divers points que devra occuper le modèle. S'il y a lieu de faire disparaître sur le cliché telle ou telle partie du sujet, il suffira de l'envelopper avec un voile noir mat.

Comme exemple de disposition, nous signalerons la suivante. Un personnage est placé de profil, tenant à la main un plat : une première épreuve est prise ainsi, le temps de pose étant réglé par un obturateur mécanique. La pose achevée, on dispose un appui-tête de telle sorte que le point d'appui corresponde à la hauteur et au centre du plat, on fait retirer le modèle qui vient placer sa tête de face, le menton appuyé sur les repères; on le drape ainsi que l'appui dans un voile noir et, l'obturateur étant réarmé, on pose une seconde fois sur la même plaque. L'épreuve finale représente le sujet portant sa propre tête sur un plat : le jeu des caches suffira pour produire l'illusion du passage alternatif de la tête sur les épaules du personnage et sur le plat. Ce seul exemple suffira pour indiquer la méthode opératoire, qui pourra donner lieu aux effets les plus variés.

12. Montage des tableaux à caches. — Les *fig.* 1 et 2 indiquent d'une façon générale le montage de ce genre de tableaux. Nous donnerons ici quelques détails complémentaires. Dans une feuille de bois mince, d'environ $0^m,004$ à $0^m,005$ d'épaisseur, qu'on trouve facilement dans le commerce sous le nom de bois de découpage, on débite une planchette de $0^m,175$ de long sur $0^m,100$ de haut [1], au tiers de laquelle on pratique une ouverture carrée d'environ $0^m,080$ de côté; on réserve une feuillure sur le pourtour de cette

[1] Ce sont là les dimensions commerciales le plus communément employées et qui du reste sont très pratiques.

ouverture et l'on y insère le positif sur verre qu'on maintient en place en déposant dans la feuillure un peu de colle forte et en collant à plat sur tout le pourtour des bandes de papier à aiguilles. La planchette est garnie sur trois côtés de languettes de bois de $0^m,010$ de largeur. Ce dispositif formera la glissière du verre mobile et sur un des côtés de la planchette on découpera une entaille pour permettre de saisir l'extrémité du verre mobile. Celui-ci sera découpé de manière à remplir exactement le cadre, dans lequel il doit se mouvoir et un des coins est enlevé, d'un coup de diamant, comme on peut le voir dans les *fig.* 1 et 2. Le coin du verre qui se trouve en regard de l'entaille latérale est garni de papier à aiguilles, collé à cheval sur l'angle, tant pour assurer la prise du verre, que pour empêcher l'opérateur de se blesser sur l'angle vif de la coupe.

Le verre mobile inséré dans ses glissières est maintenu par quatre pointes à placage à demi enfoncées dans les bordures supérieures et inférieures. Les extrémités ressortantes de ces pointes formeront la feuillure de glissement et forceront le verre mobile à rester appuyé sur le tableau. Cependant, pour éviter que les deux verres ne frottent l'un sur l'autre, on interpose entre eux, en haut et en bas, des languettes de carton minces, collées sur les montants et qui maintiendront l'écartement voulu.

13. Repérage des caches. — Le premier montage achevé, on procédera au repérage des caches, ce qui s'obtiendra facilement de la façon suivante : le verre mobile étant poussé à fond, à l'aide d'une plume trempée dans de l'encre ordinaire, épaissie par de la gomme arabique et un peu de sucre, on délimite le contour de la première cache ; ceci fait, on tire doucement le verre jusqu'à ce que le premier tracé ait complètement démasqué le mouvement qu'il recouvrait ; on trace alors au crayon sur la planchette de bois l'emplacement nouveau du pan coupé et, maintenant le verre mobile dans cette seconde position, on délimite comme la première fois les contours de la seconde cache. Le verre étant retiré du cadre, on colle sur la surface opposée au dessin une cache en papier noir découpée à la forme voulue ou l'on étend du vernis noir, le tracé à l'encre indiquant les limites dans lesquelles il convient de peindre. Le verre mobile est remis en place et l'on colle sur la planchette un taquet de bois suivant le tracé au crayon; le tirage du verre mobile est ainsi limité d'une façon précise.

14. Caches mobiles. — Le montage des caches peintes sur verre constitue le moyen le plus simple pour produire

Fig. 3.

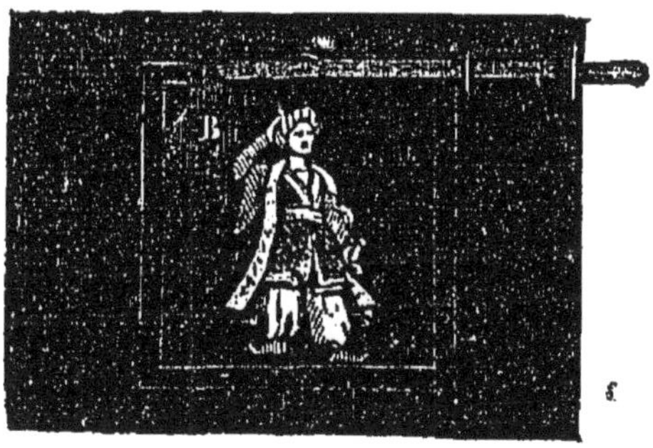

Premier effet.

Fig. 4.

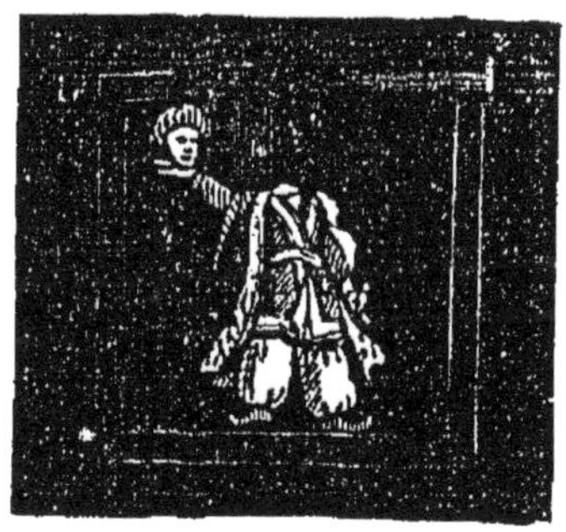

Deuxième effet.

Caches mobiles à volet.

l'effet cherché, mais nous devons signaler qu'on a aussi employé dans ce but de petits volets en carton ou en zinc; c'était même là le procédé mis en usage par Robertson dans ses séances de fantasmagorie. Les *fig.* 3 et 4 nous indiquent ce mode de construction.

Comme nous l'avons montré précédemment, les deux phases du mouvement sont greffées toutes deux sur le personnage principal, un petit volet en carton B fixé au cadre, et oscillant autour d'un pivot fixe, est manœuvré à l'aide d'un levier; les bords inférieurs du volet sont convenablement découpés, de manière à obturer un mouvement dans une position et recouvrir le second mouvement dans l'autre position. Les *fig.* 3 et 4 sont suffisamment explicites pour que nous n'ayons pas besoin d'insister sur ce mode de montage.

15. Effets divers. — Les tableaux à caches permettent d'obtenir une assez grande variété d'effets, surtout des

Fig. 5.

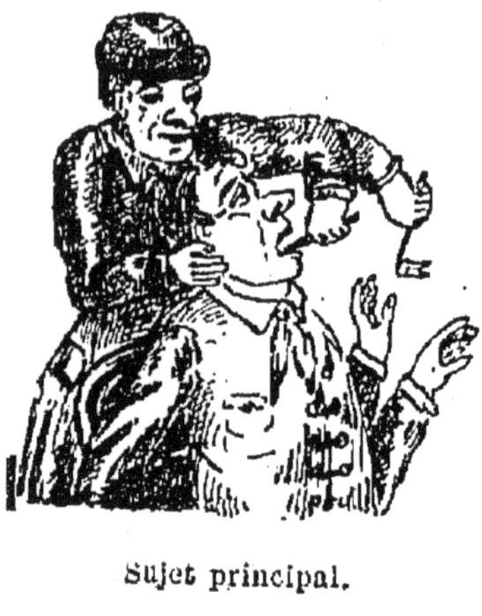

Sujet principal.

Fig. 6.

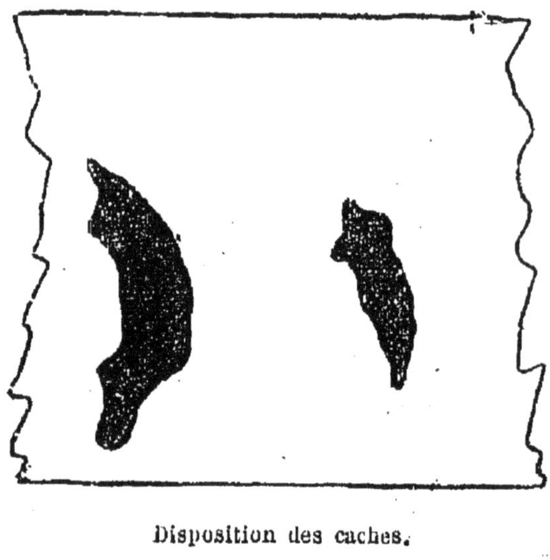

Disposition des caches.

L'arracheur de dents.

effets comiques. Nous citerons par exemple l'arracheur de dents, dont nous donnons ici, à titre d'exemple, le croquis du sujet et des caches (*fig.* 5 et 6).

On représentera de la même façon : un singe enlevant le bonnet d'une vieille portière; un Chinois jonglant avec sa tête; celle-ci est reproduite trois fois en diverses positions et les caches les font apparaître successivement, de telle sorte qu'on semble voir le Chinois jongler réellement avec sa tête.

Un autre emploi de ce genre de tableau est le suivant : Un personnage dans la première position est représenté portant la main à son chapeau et tenant horizontalement un rouleau de papier; dans le second mouvement, il a retiré son chapeau et le papier s'étant déroulé, laisse voir l'inscription suivante :

BONSOIR !	ou	ENTR'ACTE

Ce tableau sert à couper ou à terminer une séance de famille.

Ces tableaux sont encore employés pour animer une scène, une des têtes de la lanterne projetant un paysage un peu chargé en couleurs, la seconde tête projette un tableau à caches convenablement choisi.

16. Tableaux à doubles caches. — Il n'est pas toujours facile, avec un seul verre à cache, d'obtenir l'effet cherché; on y arrive aisément en employant les doubles caches. Le procédé consiste à mettre, de part et d'autre du sujet principal, des verres mobiles sur lesquels on dessinera les caches convenables; dans ce cas, on comprend qu'il est possible de varier beaucoup les effets; nous citerons un exemple : si le verre fixe contient un sauteur franchissant une borne, le personnage est représenté dans les trois positions types au départ, au-dessus de la borne, retombant à terre de l'autre côté ; le verre de devant cachera la deuxième position et celui d'arrière la troisième ; dans leur mouvement les verres, en découvrant le sujet, obturent la phase précédemment vue, et le spectateur, si les deux verres mobiles sont prestement tirés l'un après l'autre, aura l'illusion d'un saut exécuté devant lui. Nous signalerons que dans le montage on devra donner aux deux pans coupés des dispositions symétriques, de telle sorte que l'opérateur puisse facilement saisir les coins de manœuvre.

CHAPITRE III.

TABLEAUX A TIROIR.

Définition et classification. — Confection d'un tableau à changements. — Effets divers. — Montage des tableaux à grand déplacement. — Tableaux à longue course. — Montage et exécution.

17. Définition et classification. — On comprend sous le nom général de tableaux à tiroir ceux dans lesquels une partie du sujet est reproduite sur un verre fixe, et le complément sur un verre mobile glissant devant le premier. Ce dispositif permet d'obtenir une série d'effets différents, qui ont fait subdiviser les tableaux à tiroir en trois principaux genres qui sont les suivants :

Les tableaux à petite course ou à changements,
Les tableaux à longue course ou à défilés,
Les panoramas mouvants.

Nous étudierons dans ce Chapitre les deux premiers genres.

18. Tableaux à petite course ou à changements. — Ces tableaux n'étant qu'une variété des tableaux à caches sont constitués comme eux; le verre fixe, en effet, contient la majeure partie du sujet silhouetté sur fond noir, mais les parties qui doivent subir un changement sont réservées en blanc sur ce verre et reproduites sur le verre mobile où on les silhouette en noir, de manière à faire raccorder exactement les deux fonds noirs : il est même utile, pour assurer la continuité du fond opaque, que les silhouettages du verre mobile chevauchent largement sur l'ouverture réservée dans le verre fixe. Pour mieux faire comprendre le mode de confection de ces tableaux, nous citerons un exemple avec détails.

19. Confection d'un tableau à changements. — Proposons-nous, par exemple, de représenter un marmiton portant sur un plat une tête de sanglier; il s'agit à un moment donné, de faire passer la tête du marmiton dans le plat, et celle du sanglier sur les épaules du marmiton. On obtiendra les divers clichés nécessaires par les moyens photographiques directs suivants :

On dispose devant le fond noir un modèle convenablement costumé; il est photographié de profil, tenant dans les mains un plat qui doit être vu par la tranche. L'épreuve faite sur une première plaque, on repère exactement la place du plat et du cou du marmiton; on fait poser de nouveau le marmiton de profil, et sur le repère du plat on dispose un cartonnage représentant la tête de sanglier. Une seconde épreuve étant prise, on inverse les deux têtes et l'on prend une troisième épreuve. Les trois clichés développés et séchés, on retouche le premier en masquant avec du vernis noir la tête du marmiton et l'espace situé au-dessus du plat; on tire une positive qu'on silhouette en noir en ayant soin de laisser un espace transparent au-dessus du plat et des épaules du marmiton. Cette épreuve finie est fixée dans un cadre, comme nous l'avons expliqué précédemment pour les vues à caches. On découpe ensuite un morceau de papier transparent (papier dioptrique ou papier verni) aux dimensions exactes que doit avoir le verre mobile et, l'appliquant dans le cadre, on détermine, par un trait de crayon, les places que doivent occuper les deux têtes dans les deux phases de l'action.

Ce papier transparent est fixé au dos d'une glace sensible [1]; le premier négatif, contenant les deux têtes, est mis dans un châssis à positif, garni de papier noir, percé d'une ouverture strictement suffisante pour l'impression des deux têtes. La glace sensible sera facilement disposée à la place voulue, grâce au tracé sur le papier transparent qui servira de guide. Après avoir fait cette première impression, on changera le négatif dans le châssis et l'on disposera la glace sensible de manière à ce que le second négatif corresponde aux repères de la deuxième position du verre mobile. Cette double épreuve développée, fixée et séchée est découpée, si besoin est, à la grandeur voulue et disposée dans le cadre contenant le premier tableau. On règle exactement la première position du verre, au dos duquel on trace à l'encre gommée et sucrée le contour du silhouettage à exécuter autour des têtes, de manière à boucher exactement la partie blanche du premier tableau; on agit de même pour la seconde position des têtes, en ayant soin de noter la place du taquet, qui limitera la course, et, après avoir silhouetté en noir suivant les contours tracés, on monte le verre mobile comme nous l'avons indiqué précédemment (**12**).

20. Effets divers. — Ce genre de tableaux, d'une exécution facile malgré son apparente complication, peut servir à

---

[1] En général, les glaces pour stéréoscopes seront de grandeur voulue, étant données les dimensions indiquées au Chapitre précédent.

obtenir les effets les plus variés, soit qu'on procède directement, soit qu'on procède par découpages. Nous citerons quelques exemples. Une tête un peu grosse, dans laquelle on a supprimé par retouche les yeux et la bouche, est reproduite sur le verre fixe; sur le verre mobile, ces parties

Fig. 7.

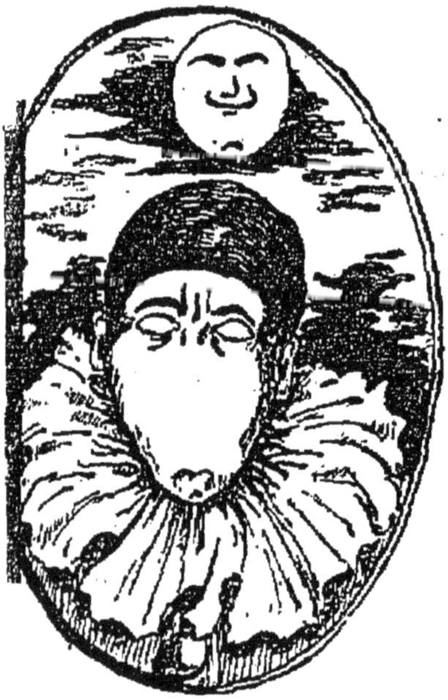

Verre fixe.

Fig. 8.

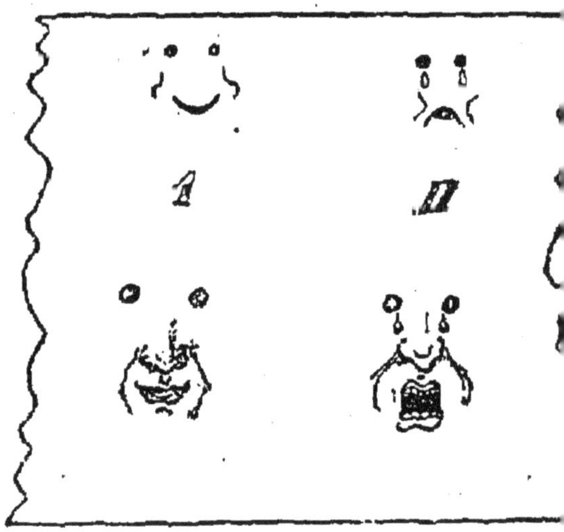

Verre mobile.

Autre disposition de tableau à changements.

supprimées sont reproduites de telle sorte que, dans une position, le personnage pleure, et, dans l'autre, rit à gorge déployée.

Ce genre de tableaux est indiqué par les *fig.* 7 et 8; dans la première position I, Pierrot et la Lune témoignent la plus grande joie; dans la position II, une immense douleur. Les mouvements des yeux et de la bouche suffisent à changer l'expression des visages.

Dans les tableaux de même genre, nous citerons encore le magicien transformant sa tête; la série de têtes est peinte sur le verre mobile, comme il est indiqué dans le croquis (*fig.* 9), mais il est bien entendu que ces têtes doivent être silhouettées en noir; le verre mobile est poussé en avant par un ressort, et il est manœuvré par une tige de métal

Fig. 9.

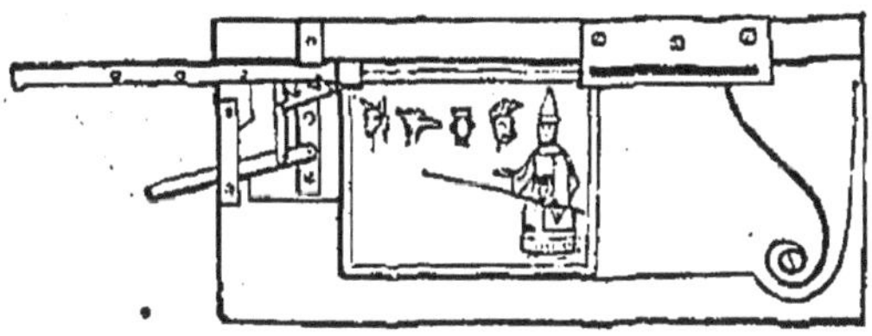

Tableau à transformations.

portant des encoches, dans lesquelles s'engage un doigt mobile pour assurer chaque fois l'exacte superposition des têtes. Il sera facile d'établir ce tableau à l'aide de découpures convenablement placées et réduites par la Photographie.

21. Montage des tableaux à grand déplacement. —

Fig. 10.

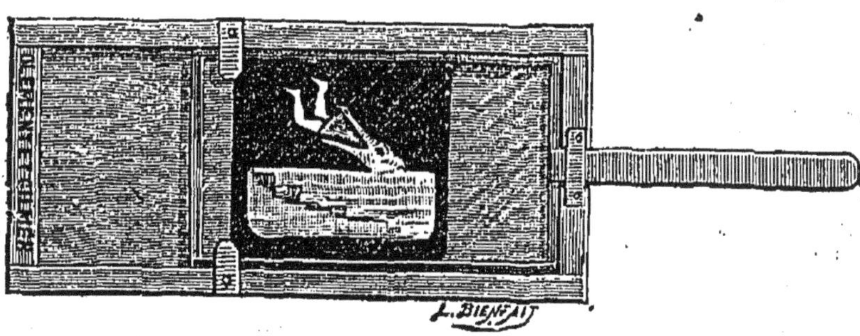

Autre montage des tableaux à changements.

Il arrive souvent que le montage que nous avons indiqué

ne donne pas une course assez longue au verre mobile; dans ce cas, on augmente les dimensions de la monture de bois et le verre mobile se place dans un cadre léger en métal,

Fig. 11.

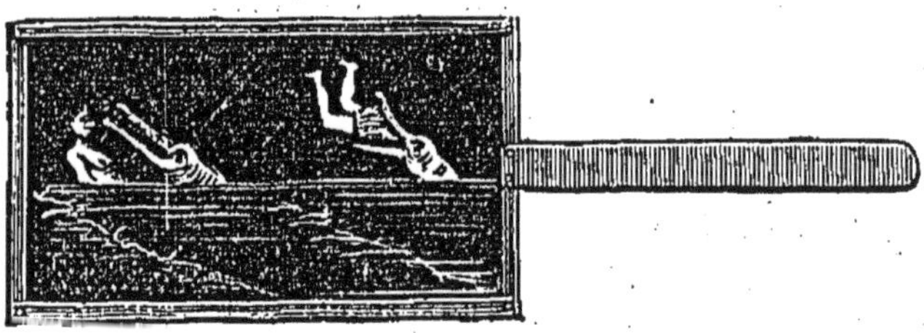

Autre montage des tableaux à changements.

manœuvré par une languette de cuivre : ce montage est suffisamment rendu par les *fig.* 10 et 11.

22. Tableaux à double tiroir. — On peut varier ces tableaux en employant deux tiroirs : l'un placé en avant du sujet fixe, l'autre en arrière; cette disposition est préférable, parce qu'elle permet de rapprocher autant que possible les surfaces peintes, condition indispensable à cause du peu de profondeur des objectifs employés dans les lanternes de projection. Cependant, malgré cette précaution, il est nécessaire, pendant la projection de ces tableaux, d'agir sur la crémaillère, et il est bien difficile d'obtenir une mise au point exacte. D'autre part, il y a lieu de compter avec l'épaisseur des verres qui absorbent beaucoup de lumière : pour ces diverses raisons, les tableaux à double tiroir devront être très transparents et exécutés sur des verres aussi minces que possible.

Comme exemple d'utilisation de ces tableaux, nous citerons les suivants : sur le verre fixe est représenté un paysage; sur les verres mobiles, un ou plusieurs personnages en des positions différentes. La substitution rapide d'un verre à l'autre donnera l'illusion du mouvement.

Les amusantes histoires sans paroles, dessinées si spirituellement par Caran d'Ache ou Albert Guillaume, pourront servir à guider l'amateur dans cette voie.

23. Tableaux à longue course. — Les tableaux à longue course se composent d'un tableau fixe, devant lequel glisse un verre sur lequel sont représentés différents objets ou

Fig. 12.

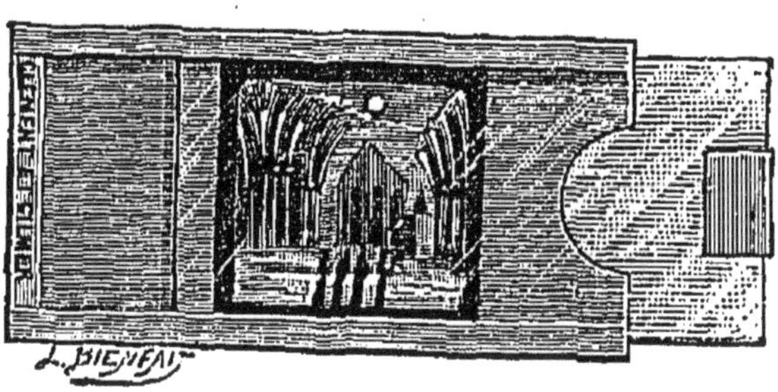

Tableau à longue course.

personnages qui viendront lentement défiler devant le tableau fixe, d'où leur appellation, souvent employée, de *tableaux à défilés*. Il est utile de composer le tableau fixe de telle sorte que le point où devra s'opérer le passage soit le plus transparent possible; inversement, les sujets du verre mobile devront être opaques et le plus souvent traités en ombres chinoises.

On représentera de cette manière une procession de moines dans un vieux cloître; dans ce cas, on éclaire vivement les premiers plans par un rayon de lune; un grand navire rentrant au port, etc., etc.

24. Montage et exécution. — La *fig.* 13 est assez explicite par elle-même pour que nous n'ayions pas à entrer dans de longs détails sur le montage de ces tableaux : on remarquera que la partie fixe doit être enchâssée vers une des extrémités de la monture, pour permettre de donner le plus d'importance possible au défilé. Il sera facile de trouver des paysages naturels répondant au but cherché ; au besoin, par une retouche sur le négatif, on affaiblira les divers

Fig. 13.

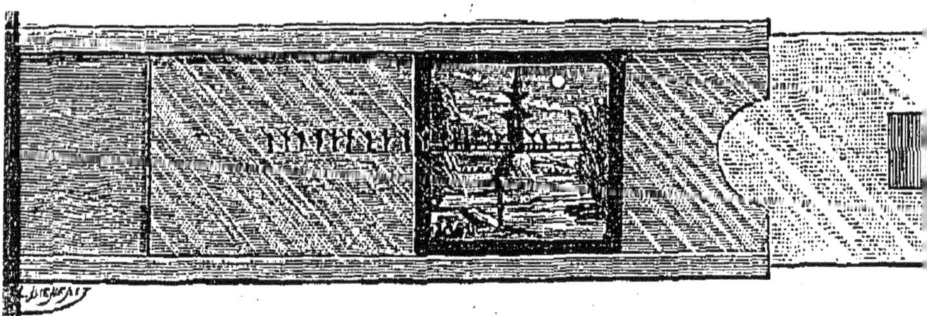

Tableau à tiroir. — Longue course.

plans devant lesquels devront défiler les silhouettes. Celles-ci seront fournies le plus souvent par les journaux illustrés ; il suffira de découper celles qui conviendront au sujet et de les coller sur une feuille de papier dans des positions facilement repérées par une première construction graphique préliminaire. On les réduira à la chambre à la grandeur voulue ; nous rappellerons que, dans ce cas, il est bon d'opérer plutôt par sous-exposition, développer avec beaucoup de bromure pour exagérer les oppositions et renforcer fortement au mercure. Pour éviter l'emploi d'une grande plaque sensibilisée, assez coûteuse, nous conseillerons de découper le verre mobile dans une feuille de verre ordinaire, repérer avec du papier dioptrique, collé au dos, la place du sujet, et se servir, pour faire le positif, de papier transferrotype; celui-ci est coupé de grandeur voulue. Après insolation sous cliché et développement, on l'applique exactement à la place marquée et l'on retire le papier support à l'aide de l'eau chaude. C'est non seulement une méthode économique, mais qui permet en outre de repérer exactement les sujets.

Pour empêcher, dans les transports, le verre mobile de

Fig. 14.

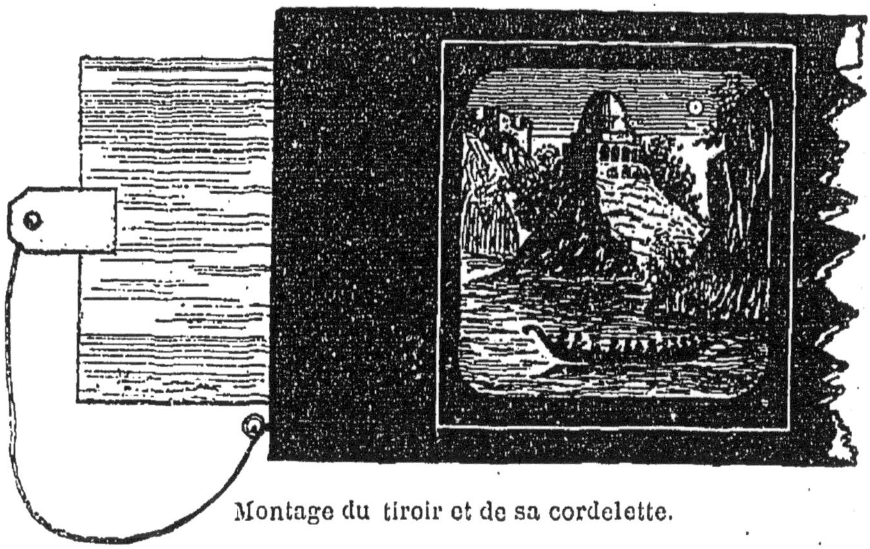

Montage du tiroir et de sa cordelette.

sortir de son cadre, il est bon de garnir ce dernier d'un petit taquet tournant, qui arrêtera le verre quand il est poussé à fond; d'autre part, on fixera au tiroir une cordelette, dont l'autre extrémité sera attachée à un piton vissé dans le rebord du cadre. Cette cordelette aura une longueur calculée de manière à limiter la course du tiroir à la longueur nécessaire (voir *fig.* 14).

CHAPITRE IV.

PANORAMAS SIMPLES ET DOUBLES.

Définition. — Panoramas simples. — Le châssis à panoramas. — Panoramas avec premiers plans fixes ou mobiles. — Premiers plans mobiles. — Panoramas à double effet.

25. Définition. — On donne le nom générique de *panoramas* à des tableaux allongés qui, en défilant lentement devant un cadre en métal ou en carton noirci, ajouré suivant les dimensions habituelles des caches (75 × 75), donnent au spectateur l'illusion d'une vue panoramique, c'est-à-dire comprenant une partie du pourtour de l'horizon.

Par leurs effets et leur montage, les panoramas se subdivisent en trois classes :

1° Panoramas simples ;
2° Panoramas avec premiers plans fixes ou mobiles ;
3° Panoramas à double effet.

Les deux premiers genres peuvent être projetés avec une lanterne à une seule tête, les derniers exigent l'emploi d'une lanterne double.

26. Panoramas simples. — Les panoramas peuvent s'exécuter en différentes grandeurs, nous en avons vu ayant jusqu'à $0^{m},30$ de longueur ; mais des bandes de verre aussi longues sur une faible largeur ($0^{m},085$) sont lourdes et surtout très fragiles, nous préférons, dans notre pratique, employer simplement le format stéréoscopique ordinaire (170 × 85), qui fournit un développement d'environ deux fois et demie la grandeur habituelle du tableau, ce qui est suffisant pour l'effet à produire.

Dans ce cas, la méthode la plus simple pour l'amateur consiste à préparer, en 13 × 18, le cliché nécessaire. Il est bon de se placer un peu loin du sujet, de manière à avoir

Fig. 15.

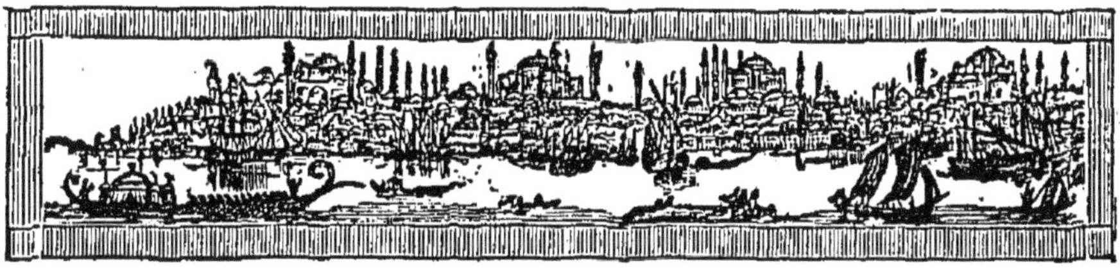

Tableau panoramique.

sur la plaque beaucoup de ciel et de terrain au premier plan : au besoin, pour bien limiter l'espace à couvrir, on colle sur le verre dépoli deux bandes de papier noir laissant entre elles, au centre de la glace, un espace précisément égal à la hauteur du panorama : au tirage, il sera facile de choisir la partie utile du tableau. Nous n'insisterons pas sur les qualités que doivent posséder de pareilles vues, mais nous signalerons que plus elles auront de profondeur, plus elles auront de ciel, plus l'effet voulu sera produit.

27. Le châssis à panoramas. — On trouve dans le commerce des châssis spéciaux pour passer les panoramas; mais nous avons construit, pour notre usage particulier, un châssis très commode dont nous donnerons ici la description à titre de renseignements (*fig.* 16), car il sera facile à l'amateur d'en varier les données à son gré.

Un premier châssis A, muni à l'avant d'une plaquette en zinc, découpée dans la forme habituelle des caches, sert à l'introduction et au centrage de la vue dans la lanterne. Ses dimensions en hauteur sont telles que le tableau est centré verticalement dans ses glissières; deux taquets latéraux (tt'), en venant buter contre la lanterne, le centrent en largeur. La traverse inférieure du châssis est prolongée de chaque côté, de manière à fournir un support au châssis

Fig. 16.

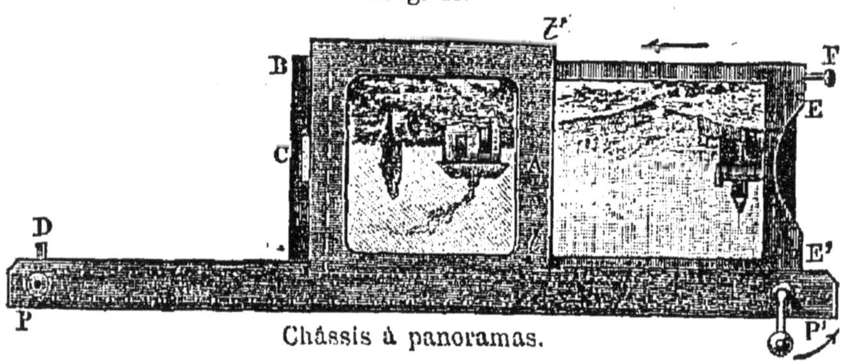

Châssis à panoramas.

mobile. Celui-ci se compose d'un cadre allongé, suivant les dimensions du panorama, et ouvert sur le côté EE' pour l'introduction du tableau. Afin de réduire autant que possible l'épaisseur de ce châssis, il est formé de deux plaquettes de zinc ajourées, maintenues écartées par trois languettes de bois : deux suivant les grands côtés et une suivant un des petits côtés d'arrière B. Au coin inférieur de ce petit côté, est fixé un ruban de toile (figuré en éléments de ligne) qui suit le prolongement d'arrière, s'infléchit sur une petite poulie horizontale P, et revient en dessous jusqu'à l'extrémité du cadre, où elle s'enroule sur une poulie P' manœuvrée par une manivelle. Deux taquets C et D, fixés l'un (C) sur le châssis mobile, le second (D) à l'extrémité du grand châssis, limitent exactement la course du panorama. Celui-ci s'avance lentement et régulièrement sous l'action de la manivelle; on le ramène brusquement en arrière en tirant sur le bouton F, lorsqu'il y a lieu de changer le tableau.

28. Panoramas avec premiers plans fixes ou mobiles. — Ce genre de tableaux peut être considéré comme l'inverse des tableaux à longue course. Le sujet principal, le panorama, est en effet reproduit sur le verre mobile et le sujet accessoire, le plus ordinairement un navire, est dessiné sur le verre carré habituel. Si ce dernier verre doit rester fixe, il suffira de munir l'avant du châssis, décrit plus haut, de deux feuillures pour le passage de ce tableau fixe, ce qui permettra d'avoir une seule monture pour une série de vues différentes. Si, au contraire, les premiers plans doivent être mécanisés, il y aura lieu de faire un montage spécial pour chaque sujet.

Lorsque le sujet de premier plan représente un navire, il sera très facile d'obtenir d'après nature d'excellents modèles; il y aura lieu, au tirage, de pousser l'épreuve, éviter les parties transparentes, voiles blanches, etc., à travers lesquelles transparaîtraient les lignes du panorama : on a soin, par quelques touches légères sur les eaux, de contrarier le sens des lignes des vagues sur les deux tableaux, et la rencontre continue de ces lignes suffira pour donner l'illusion du mouvement des flots.

29. Premiers plans mobiles. — L'effet est mieux rendu orsqu'on use d'un premier plan mobile : on trouve dans le commerce certains de ces tableaux d'un mécanisme très compliqué; nous avons projeté entre autres un tableau intitulé : *De Douvres à Calais;* la progression du panorama du fond, représentant la Manche avec Douvres à une extrémité, Calais à l'autre, est obtenue à l'aide d'une vis tournant entre points fixes et entraînant un écrou fixé à une extrémité du panorama; trois excentriques, actionnés par la rotation de la vis, font basculer lentement et en sens inverse deux disques portant des bandes d'eau, et un troisième

Fig. 17.

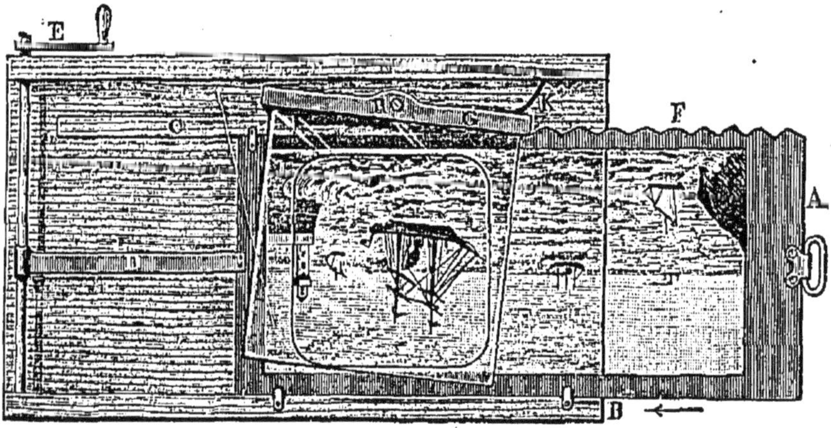

Panorama à premiers plans mobiles.

portant un bateau à vapeur; on arrive ainsi à reproduire fidèlement le mouvement de tangage du navire et l'agitation de la mer. D'autre part, le déplacement continu de l'horizon donne l'illusion de la progression du navire.

Ce tableau, très compliqué, peut être aisément construit d'une façon plus simple par l'amateur. Nous donnerons ici, à titre d'exemple, la description complète de ce mécanisme dont l'ensemble est représenté par la *fig.* 17.

Le panorama, monté sur cadre mobile A, glisse entre deux feuillures B et C, tiré par un ruban de fil D, qui s'enroule sur un axe manœuvré par la manivelle E. La feuillure supérieure du cadre mobile A est munie d'une denture ondulée F, sur laquelle s'appuie l'extrémité d'un levier G, tournant autour du pivot H et maintenu baissé par un ressort K. Sur ce levier est collée, par sa base, une épreuve représentant un navire ([1]). Le levier porte à son extrémité, sur laquelle agit le ressort, un petit coin de bois qui pénètre dans la denture du châssis mobile. Lorsque ce dernier glisse, attiré par la rotation de la manivelle, le coin de bois suit les ondulations du cadre et le navire prend un mouvement d'oscillation qui imite le tangage, et il semble, en projection, que le navire s'avance réellement sur une mer agitée.

On peut aussi obtenir plus simplement encore le mouvement du navire par le procédé à levier que nous décrirons plus loin.

Dans ce mode de mécanisme, il est absolument indispensable, comme nous l'avons dit, que l'objet de premier plan soit opaque, sinon, dans les parties transparentes, on apercevrait les lignes du panorama et l'effet rendu serait ridicule; on obvie à cet inconvénient et l'on obtient des tableaux curieux en se servant de panoramas à double effet.

30. Panoramas à double effet. — Pour ce genre de tableaux, il est indispensable d'employer une lanterne double. Le principe du montage est le suivant : sur un premier tableau projeté par une des têtes de la lanterne, est représenté le sujet principal; dans les parties qui devront

---

([1]) Pour assurer l'adhérence du verre au levier de bois, on pratique dans celui-ci une feuillure de l'épaisseur du verre; le bord de ce dernier est garni d'une bande de papier collée à cheval avec de la colle de farine; lorsque cette bande est sèche et bien adhérente, on met de la colle forte chaude dans la rainure et l'on y insère le bord de la vue.

être complétées par le second tableau, on charge la couleur ou même on silhouette en noir. Dans le second tableau, projeté par la deuxième tête, on dispose un tableau fixe, sur lequel ont été collées des caches noires correspondant aux parties brillantes du premier tableau; derrière ces caches, glisse un verre mobile : il résulte de ce dispositif général que les deux tableaux se complètent mutuellement, et l'effet rendu est des plus saisissants.

Pour préciser ce mode de montage qui, en réalité, est des plus faciles à exécuter par l'amateur, nous citerons quelques exemples.

On exécutera une première épreuve, destinée à fournir les premiers plans et représentant par exemple un personnage accoudé sur le plat bord d'un bateau à vapeur et regardant le fond du paysage. Sur le positif, on noircira au vernis tout le fond du tableau, ne laissant transparent que le personnage et la partie visible du bateau. On constituera ainsi le premier tableau. Le positif, ainsi silhouetté, sera employé comme négatif pour obtenir, sur une seconde plaque, une épreuve inverse; nous aurons soin d'exagérer un peu la pose avec un développement dur et, au besoin, un renforcement au mercure. On obtiendra un silhouettage exact du premier tableau, qui constituera la cache du second tableau : derrière cette cache, on fera glisser le panorama des rives du fleuve ou de la mer, sur lequel la première scène a été prise, et la projection donnera au spectateur l'illusion complète du mouvement de translation du passager, par suite de cet effet spécial qui nous fait croire que nous sommes en mouvement quand les lignes d'horizon se mettent à fuir devant nous, effet que chacun a pu observer dans une gare, lorsqu'étant soi-même dans un wagon immobile, on voit s'ébranler un train voisin.

L'exemple que nous venons de citer suffira pour indiquer au lecteur le mode opératoire. Nous signalerons comme sujets du même genre faciles à exécuter : des voyageurs en wagon voyant fuir le paysage à travers les portières; des matelots regardant par un sabord ouvert l'arrivée au port, etc.

Un autre exemple montrera le parti qu'on peut tirer de cette méthode de projection. Supposons que le premier tableau représente une église sombre, dont les colonnes et les dalles du premier plan sont en pleine lumière : la cache du second tableau représentera en noir les colonnes et les parties éclairées du sol; derrière cette cache, on fera glisser un verre sur lequel est peinte, sur fond noir, une longue procession qui semblera, grâce aux caches, progresser dans l'église en passant derrière les colonnes du premier plan; si le premier tableau a été mécanisé à tiroir, de telle sorte que le fond soit lentement démasqué par une cache peinte sur le verre mobile, on verra, au fur et à mesure que s'avancera la procession, l'église s'emplir de monde et s'illuminer. On voit, par ce dernier exemple, combien il est facile, par des moyens très simples, d'obtenir des effets complexes, et l'amateur trouvera aisément autour de lui tous les éléments nécessaires pour composer photographiquement ces sujets.

CHAPITRE V.

TABLEAUX A LEVIER.

Définition. — Mécanisme du tableau à levier. — Conditions du dessin. — Exécution photographique.

31. Définition. — Jusqu'à présent, nous avons étudié les mécanismes permettant d'obtenir des mouvements dans le sens horizontal, les tableaux à levier sont destinés à fournir les mouvements suivant la verticale. Si leur mécanisme est des plus simples, en revanche l'exécution des vues demande un grand soin.

Ils consistent essentiellement en un tableau fixe contenant le sujet, sauf la partie à mouvementer, qui, reportée sur un deuxième verre de forme ronde, oscille dans une feuillure de même forme pratiquée dans la monture : un levier latéral sert à mettre ce verre en mouvement.

En général, dans le commerce, ces tableaux ont une forme ronde, ce qui produit en projection un effet peu artistique et met facilement le spectateur sur la voie du mécanisme employé. Nous préférons user d'un verre fixe carré, muni de la cache habituelle à coins arrondis; contre ce tableau se meut le disque à levier, dont le diamètre ($0^m,09$) est égal à la diagonale de la cache; par suite, la forme du disque n'est pas visible pour le spectateur.

32. Mécanisme du tableau à levier. — Les *fig.* 18 et 19 indiquent suffisamment la manière de monter ces tableaux.

Ainsi qu'on le voit, la partie mobile est montée dans un disque métallique, auquel est soudé le levier de manœuvre, constitué par une mince lame de cuivre, disposée dans le prolongement d'un des diamètres. Un évidement,

Fig. 18.

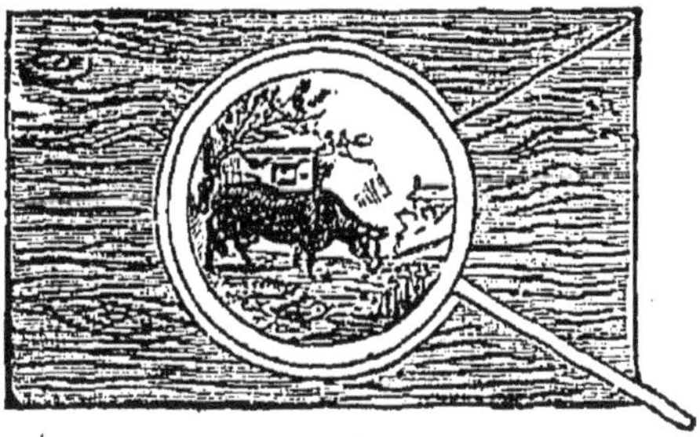

Premier effet.

Fig. 19.

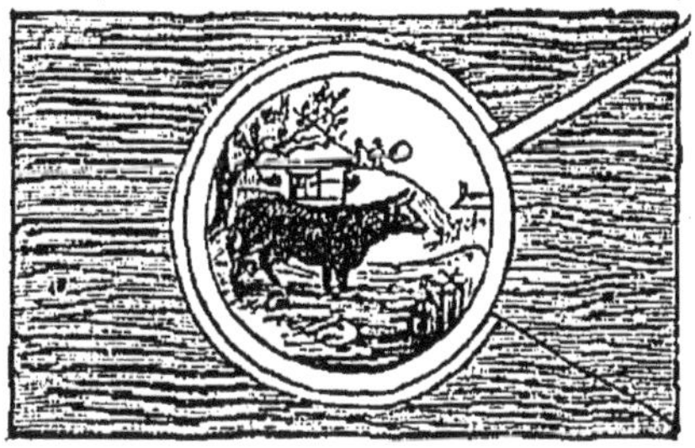

Deuxième effet.

Tableau à levier.

pratiqué dans la monture de bois, limite les positions extrêmes du levier. Dans ces figures, on voit un bœuf qui boit dans une mare, la tête et le cou de l'animal ont été peints sur le verre mobile, le mécanisme lui fait alternativement élever et baisser la tête.

33. Conditions du dessin. — On conçoit que, pour qu'un tel genre de tableaux donne un effet complet, il faut que le centre de rotation du mouvement à exécuter coïncide avec le centre du verre mobile ; d'autre part, il y a lieu de faire le raccordement des deux parties mouvementées dans une partie chargée en couleur, sinon le spectateur découvre rapidement le procédé employé. Enfin, il y a lieu de tenir très transparent, ou peu coloré, tout l'espace du tableau fixe devant lequel se meut la partie mobile ; sinon, à travers cette dernière, on apercevrait les lignes du paysage, ce qui serait du plus mauvais effet. Il nous a paru utile d'insister

Fig. 20.

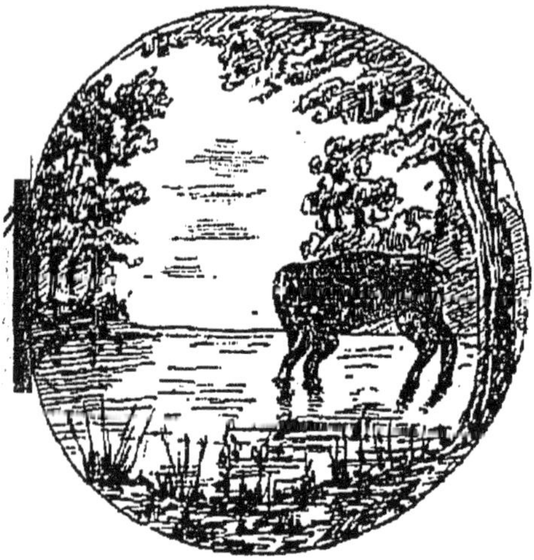

Partie fixe.

Fig. 21.

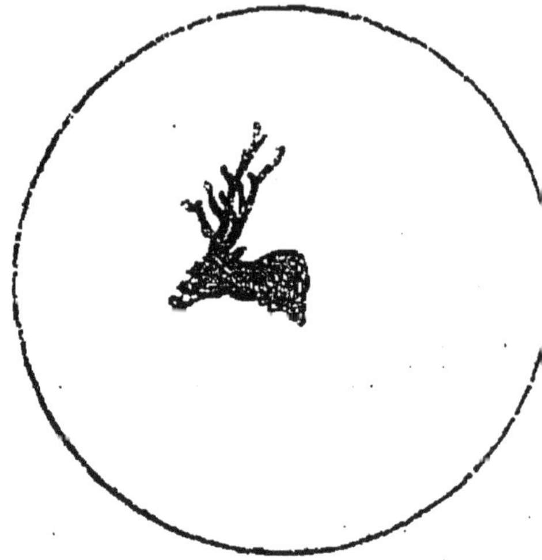

Partie mobile.

Détail du tableau à levier.

sur ces divers points afin de mettre en garde contre les insuccès possibles. Les *fig.* 20 et 21 montrent un exemple

Fig. 22.

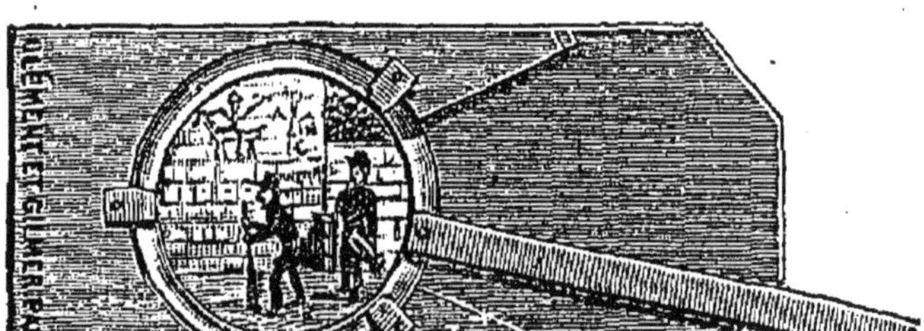

Modèle du tableau à levier.

de tableau de ce genre; on voit qu'on a eu soin de pousser au noir le raccordement du cou et les épaules du cerf;

d'autre part, dans le tableau fixe, l'espace dans lequel se meut la tête ne comporte aucun dessin. On peut obtenir par ce procédé de nombreux effets, par exemple : un soldat balayant la cour du quartier, un marchand de marrons soufflant son feu ; une blanchisseuse battant son linge au lavoir, etc.

Un cygne blanc silhouetté sur fond noir pourra être employé dans un tableau à double effet ; on ménagera sur le tableau fixe une partie horizontale noire à hauteur du corps de l'animal ; de cette manière le spectateur croira voir l'oiseau plonger sa tête dans l'eau.

34. Exécution photographique. — La méthode la plus simple dans ce cas sera d'opérer par découpage : ayant photographié le sujet, on le découpera aux ciseaux ; après avoir détaché la partie mobile, on collera l'épreuve sur une feuille de bristol où l'on aura préparé le fond, soit à l'aide de la photographie, soit par un dessin au crayon. Il y aura lieu de mettre exactement le centre de rotation du mouvement au centre du tableau : on fera de ce premier dessin un négatif qui servira à préparer le positif de fond sur verre carré. La partie détachée sera photographiée sur un autre cliché, mais, dans ce cas, il ne faut pas oublier qu'on doit retourner l'épreuve de manière à pouvoir monter plus tard face à face les deux dessins : nous rappelons que la méthode la plus simple est de retourner le verre dépoli pour la mise au point et la plaque sensible pendant l'exposition. Le négatif sera silhouetté en noir et donnera un positif où le découpage devra se produire sur un fond très transparent. Le positif sera découpé en forme de disque d'après les méthodes ordinaires [1]. Notons cependant que si l'on opère

---

[1] *Voir* au Chapitre VIII le découpage du verre (**53**).

avec le papier transferrotype, il sera inutile de retourner le dessin, l'opération de transport inversant l'épreuve.

35. Variété du levier. — Le tableau mobile peut être monté sur un axe passant par le côté inférieur du verre, on obtient ainsi un mouvement de balancement qui servira à imiter le roulis des navires, le va-et-vient d'une escarpolette, etc.

CHAPITRE VI.

TABLEAUX A ROTATION.

Définition. — Le mécanisme. — Du dessin. — Effets divers : Moulins. — Effets d'eau. — Effets doubles. — Fumées, incendies, etc. — Les têtes à transformations.

36. Définition. — Les tableaux à rotation se composent d'une partie fixe et d'une partie mobile; celle-ci, de forme circulaire, peut prendre un mouvement de rotation continu à l'aide d'un mécanisme. Ces tableaux servent à produire des effets directs dans une lanterne simple, ou des effets indirects, c'est-à-dire propres à compléter un premier tableau, dans une lanterne double.

37. Le mécanisme. — Dans les anciens modèles, le disque était enchâssé dans une poulie de bois, encastrée dans la monture, une corde sans fin passée dans la gorge de la poulie était tendue par une seconde poulie plus petite, mise en mouvement par une manivelle.

A l'heure actuelle, on se sert de préférence d'une bague métallique portant sur un de ses côtés une denture sur laquelle engrène un petit pignon mû par une manivelle latérale; la *fig.* 23 nous montre ce genre de montage. Ainsi construits, les tableaux sont plus maniables, plus faciles à empaqueter et surtout, grâce au mécanisme très doux, on évite les arrêts brusques produits autrefois par le glissement de la corde, et le mouvement est plus régulier.

Il est inutile que nous entrions dans de plus amples dé-

Fig. 23.

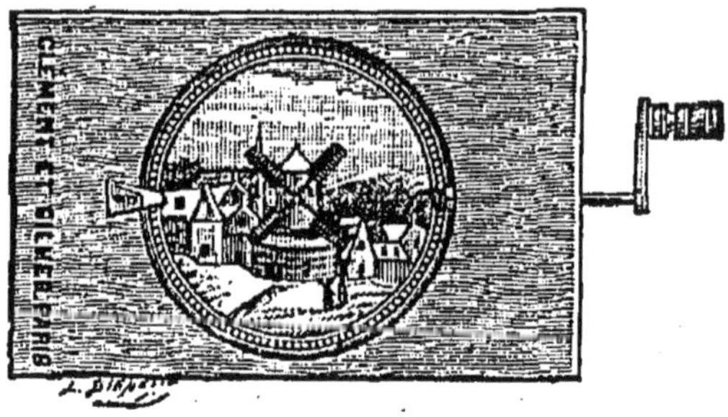

Tableau à engrenage.

tails au sujet de ces mécanismes, rendus très clairement par la figure ci-dessus.

38. Du dessin. — Nous aurons peu de chose à dire du dessin. On conçoit aisément qu'il doit être combiné de manière à amener le centre de rotation du disque au centre même du tableau. Dans le cas cité plus haut, représentant des moulins à vent, le tableau fixe montre le moulin privé d'ailes, celles-ci ont été dessinées sur le verre mobile en traits opaques; si le centre de rotation du disque et le point de croisement des ailes ne coïncidaient pas, ce dernier décrirait dans l'espace une circonférence et les ailes prendraient un mouvement inusité. Nous répéterons ici l'observation faite précédemment, qu'il y a intérêt à donner au sujet fixe la forme carrée plus artistique que la forme ronde.

39. Effets divers. — Nous signalerons rapidement quelques-uns des effets qu'on peut obtenir avec ce mode de mécanisme :

1° *Moulins.* — Nous en avons déjà indiqué l'application aux moulins à vent, il en serait de même pour un moulin à eau; nous n'insisterons pas sur ce genre de sujets : on représente ainsi les bateaux à aubes, la roue du rémouleur, etc.

2° *Effets d'eau.* — On rend très bien les effets d'eau, cascades, fontaines, etc., en silhouettant en noir le sujet sur le tableau fixe et en traçant sur le verre mobile des rayons ondulés en traits fins, le croisement successif de ces traits avec les lignes du dessin donne l'illusion du mouvement de l'eau; si le tableau tracé représente une cascade, on tracera les traits fins sous forme de couronne en ayant soin de ménager des parties très ombrées dans le dessin fixe pour dissimuler le passage de ce tracé en dehors du point utile.

3° *Effets doubles.* — Mais on rendra beaucoup mieux l'effet en se servant d'une lanterne double. Le tableau fixe étant projeté par une des têtes, l'autre tête sera munie d'un tableau à engrenage dans lequel la partie fixe sera constituée par une cache noire portant une ouverture transparente ayant la forme de la chute d'eau, et le verre mobile sera préparé comme nous venons de le dire.

4° *Fumées, incendies, etc.* — Ce même procédé peut se varier à l'infini. Si le verre mobile contient une couronne de nuages légers en bleu et violet pâle, on imitera la fumée qui sort d'un navire en partance; quelques traînées rouges et noires nous donneront les flammes s'échappant d'une maison incendiée ou d'un volcan, que le tableau de la première tête aura projeté.

40. Les têtes à transformations. — Les effets les plus divers peuvent être rendus par ce procédé. Nous terminerons ce Chapitre par l'indication d'une curieuse utilisation de ces tableaux. Si, sur le verre fixe, on a peint ou photographié un sujet sur fond noir et qu'on ait eu le soin d'effacer toute trace des traits de la figure, qui doit être vue de face, on pourra dessiner sur le verre tournant une série de figures qui, par la rotation du disque, viendront successivement passer devant la face du sujet en lui donnant une suite d'expressions diverses. Pour réussir ce tableau, il importe que la tête soit le plus près possible du cadre et que la couronne des têtes soit dissimulée dans tout son pourtour par le fond noir. On représente ainsi un clown accroupi jouant de la flûte et dont la figure se contorsionne de la façon la plus drôlatique avec des yeux tantôt fermés, tantôt extatiquement levés en l'air.

CHAPITRE VII.

TABLEAUX DOUBLES ET TABLEAUX DE COMBINAISON.

Tableaux doubles. — Tableaux de combinaison. — Effets de neige. — Tombée de la neige. — Effets de nuit. — Effets de lune. — Éclairs. — Effets divers. — Les rideaux de théâtre.

41. Tableaux doubles. — Les tableaux doubles, appelés aussi tableaux à transformations, servent à faire varier le caractère d'une scène ou d'un paysage; par exemple le passage du jour à la nuit, de l'été à l'hiver, etc. Ils nécessitent l'emploi d'une lanterne double ou triple et se composent essentiellement d'une série de deux ou plusieurs vues d'un même paysage dans des états différents, successivement projetées, se fondant les unes dans les autres, à l'aide des appareils dissolwing habituels.

42. Tableaux de combinaison. — On nomme *tableaux de combinaison* ou aussi tableaux *complémentaires* ceux qui sont destinés soit à préparer, soit à compléter les changements. Nous avons déjà décrit quelques-uns d'entre eux dans les Chapitres précédents, tels que l'appareil à rotation destiné à produire des effets d'eau ou de fumée.

Nous examinerons, dans ce Chapitre, les principaux effets qui peuvent être obtenus avec ces deux genres de tableaux.

43. Effets de neige. — Nous avons dit que cette combinaison servait à obtenir le passage graduel d'une vue d'été à une vue d'hiver. Il suffit de projeter successivement deux tableaux représentant le même paysage, l'un pendant l'été et rehaussé de couleurs vives, l'autre pendant l'hiver et couvert de neige. Si le repérage a été exactement fait, la substitution des vues graduellement opérée, le résultat est des plus gracieux.

Le procédé photographique pour obtenir les deux vues est des plus simples; il suffit en effet d'avoir un seul cliché négatif d'un paysage d'été. Celui-ci sert au tirage du premier positif qu'on colorie de teintes éclatantes. Pour préparer la vue d'hiver, on retouche le cliché sur l'envers, c'est-à-dire du côté du verre, avec du vermillon épais, de manière à produire des réserves blanches qui donneront l'effet de neige voulu; on acquiert très vite le petit coup de main nécessaire pour bien exécuter ce maquillage, et l'amateur novice se rendra mieux compte de son travail en tirant de temps à autre un positif sur papier, qu'il sera inutile de virer et de fixer et qui lui donnera la valeur future du positif sur verre et lui indiquera les dernières retouches à faire. D'une façon générale, nous dirons qu'il suffit d'empâter largement toutes les parties qui doivent être recouvertes de neige. Le positif sur verre obtenu sera peint très sobrement, la note blanche doit surtout prédominer et, pour mieux faire ressortir l'éclat de la neige, il sera bon de teinter le ciel en violet gris léger.

On a conseillé de produire les effets de neige à l'aide de grattages; ce procédé a l'inconvénient d'être un peu brutal et de compromettre la solidité de la couche de gélatine; cependant il pourra être employé pour les dernières retouches, surtout si l'on a soin, après l'opération, de recouvrir l'épreuve d'un vernis léger au copal très étendu de térébenthine.

44. Tombée de la neige. — On rend l'illusion plus complète en se servant d'un appareil de combinaison, facilement construit par l'amateur, et qui reproduira sur l'écran la chute des flocons de neige.

Il se compose, comme l'indique la *fig.* 24, d'une monture

Fig. 24.

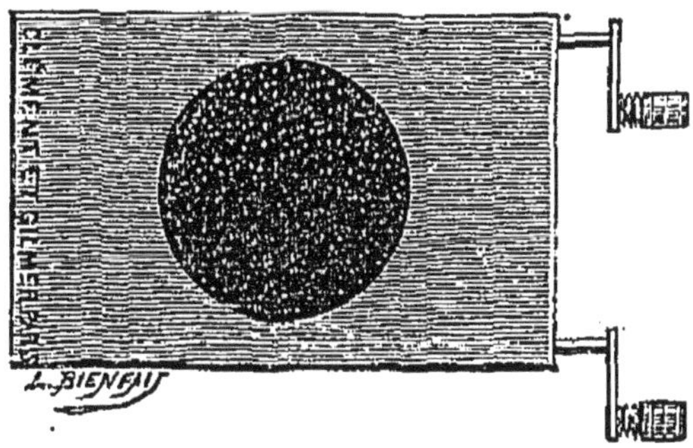

Appareil pour imiter la tombée de la neige.

en bois de la grandeur ordinaire des vues mécanisées, percée à l'avant d'une ouverture ronde ou carrée de la taille des projections et muni intérieurement de deux rouleaux parallèles au grand côté horizontal, et commandés de l'extérieur par des manivelles. On colle sur ces rouleaux les extrémités d'une longue bande de papier noir, qui peut s'enrouler alternativement sur l'un ou l'autre rouleau en défilant devant l'ouverture de la monture.

Cette bande est piquetée à coup d'épingle d'une façon irrégulière, en espaçant au début les petits trous, puis en les resserrant peu à peu au fur et à mesure qu'on se rapproche de l'autre extrémité.

La vue d'été ayant été projetée à l'aide de la première tête, on assombrit peu à peu la projection, soit à l'aide de l'œil-de-chat [1], soit en agissant sur le robinet du chalumeau; puis, à l'aide de la troisième tête ou d'une lanterne auxiliaire, on projette le tableau de combinaison. La bande de papier doit être enroulée dans le bas de l'appareil et se dérouler de bas en haut pour que, sur l'écran, les petits points lumineux, qui rendront l'effet des flocons de neige, tombent d'une façon naturelle de haut en bas; sinon on assisterait à ce bizarre phénomène, non encore observé, de neige s'élançant du sol pour gagner les espaces célestes. Nous avons conseillé d'obscurcir légèrement la vue d'été pour donner plus d'éclat à la projection des flocons de neige; au fur et à mesure que ceux-ci semblent tomber, on substitue en fondant la seconde vue. L'effet est ainsi parfaitement rendu.

45. Effets de nuit. — Le passage du jour à la nuit s'obtient par un procédé semblable : c'est-à-dire en employant deux tableaux convenablement peints. Le même négatif servira encore à obtenir les deux vues nécessaires. Le premier positif sera tiré dans les conditions normales, le second sera tiré plus dur et, lorsqu'il sera sec, on passera de légères touches de vernis transparent dans tous les points où l'on voudra indiquer des effets de lune, puis on trempera la plaque dans une solution légère de couleur d'aniline, bleu coupier ou bleu coton : la gélatine se colorera en bleu, excepté dans les parties recouvertes de vernis qui resteront blanches; on rincera et on laissera sécher. On obtient encore la coloration bleuâtre en trempant la plaque dans un bain de

(1) *Voir* : H. Fourtier, *La Pratique des Projections*, t. I, p. 39.

sulfate de fer à 2 pour 100, puis dans un bain de ferricyanure rouge à 1 pour 100; on forme ainsi, dans la gélatine, du bleu de Prusse en couche très égale.

Le disque lunaire pourra se produire à l'aide d'une réserve de vernis, mais de préférence, pour lui donner plus d'éclat, nous conseillerons de le préparer par grattage. A cet effet, sur le point choisi du ciel on appuie un emporte-pièce de grandeur convenable et bien aiguisé; tout en le maintenant vertical et pressé contre la gélatine, on lui fait faire un mouvement de rotation sur son axe, la gélatine se trouve nettement découpée suivant un cercle, et à la pointe d'un canif on enlève l'intérieur.

On complète le positif, s'il est besoin, à l'aide de quelques coups de pointe de canif pour accentuer les arêtes brillantes et l'on colore avec des vernis jaunes et rouges les baies des fenêtres, etc.

46. Effet de lune. — Si la vue comporte des eaux, lacs, rivières, etc., il vaudra mieux produire l'effet de lune à l'aide d'un tableau de combinaison. Celui-ci sera simplement constitué par un tableau à tiroir dont le verre fixe sera peint en noir, le disque lunaire et le reflet dans l'eau seront réservés par grattage; sur le verre mobile on tracera des lignes fines ondulées parallèles au sens de la réflexion. En donnant au tiroir un mouvement lent de va-et-vient, il semblera au spectateur que le rayon émané de l'astre des nuits vient se briser et scintiller sur la crête des vagues.

47. Éclairs. — Les éclairs sont produits à l'aide d'un tableau de combinaison à tiroir : sur la partie fixe on étend du vernis noir et d'un coup de canif en zigzag on enlève le tracé de l'éclair qu'on colore en rouge sur le côté opposé.

Le tiroir, peint en noir, porte une réserve diagonale croisant en X le tracé du premier tableau. Cette réserve doit avoir une largeur d'environ la moitié de l'épaisseur totale du tracé sinueux de l'éclair. En tirant brusquement le tiroir, il semble à la projection qu'un ruban de feu descend du ciel sur le sol.

48. Effets divers. — Nous ne ferons que signaler brièvement les divers effets qui sont produits par les tableaux de combinaison, simples ou mécanisés, car ils peuvent varier à l'infini. C'est ainsi qu'on obtient toute la série des phénomènes naturels.

Un arc-en-ciel, silhouetté sur fond noir, sera ainsi projeté, mais on devra avoir soin de ne pas mettre au point et d'adoucir la lumière en diaphragmant.

A l'aide d'un tableau à tiroir, on montre un bolide traversant l'espace et éclatant.

Les tableaux à rotation sont employés pour produire les aurores boréales. Sur le verre fixe, la partie correspondant au ciel représente l'aurore boréale silhouettée en noir, le disque tournant porte des séries de rayons colorés qui, dans leur mouvement, recroisent les lignes du tableau fixe et imitent les jeux de lumière : ce tableau de combinaison ne doit pas être mis au point pour cacher les duretés d'exécution et rendre plus exactement les fugitives apparitions de lumière.

On obtient les ascensions d'anges ou de génies en mécanisant le tableau de combinaison de la façon suivante : la monture porte, suivant une diagonale, une glissière oblique dans laquelle se meut un cadre allongé portant le sujet silhouetté sur fond noir; en faisant mouvoir lentement le cadre de haut en bas, le sujet semblera s'élever dans les airs; c'est ainsi qu'on obtient l'ascension d'un ballon traversant un paysage, etc.

49. Les rideaux de théâtre. — Il est enfin un dernier effet, souvent employé, que nous décrirons, car il fournit un gracieux moyen de substituer les tableaux les uns aux autres. Lorsqu'on emploie une lanterne à deux têtes superposées, on ménage, dans les glissières qui supportent les tableaux, un passage pour une plaque de métal, percée de deux ouvertures carrées; celles-ci sont disposées de telle sorte que, lorsque l'ouverture inférieure découvre complètement l'espace réservé aux tableaux, l'autre a dépassé cet espace devant la seconde tête. L'ouverture inférieure est munie d'un tableau colorié représentant un rideau de théâtre, et dans la seconde tête on glisse le tableau à présenter. On conçoit qu'en faisant manœuvrer la plaque de métal de haut en bas, et réciproquement, on voit le rideau descendre peu à peu et recouvrir le sujet projeté. Mais, pour que l'effet soit bien rendu, il est absolument utile que le bas du rideau coïncide exactement avec le bord opposé de l'ouverture à jour, le cadre plein de celle-ci faisant cache sur le sujet et permettant par suite à la projection du rideau de conserver toute sa lumière. Afin d'arriver exactement à ce résultat, le verre peint représentant le rideau est monté dans une coulisse avec vis de réglage, ce qui permet d'amener, dans la projection, la juxtaposition parfaite du bas du rideau avec le haut de l'ouverture du second tableau. Ce réglage se fait très facilement en tirant à demi la plaque de métal et en observant sur l'écran l'action produite par la vis : si les deux ouvertures sont trop éloignées, il se forme une ligne noire entre le bas du rideau et la portion du tableau qui est en vue; si elles sont rapprochées, il y a, à la jonction des deux tableaux, une ligne blanchâtre indécise née de la superposition des rayons lumineux des deux lanternes : en agissant sur la vis dans un sens ou dans l'autre, on arrive à repérer exactement les deux tableaux.

Lorsqu'on emploie deux lanternes accouplées, on produit le même effet avec un dispositif différent : on glisse dans chaque lanterne une monture portant, l'une, un rideau peint terminé par une cache noire, l'autre, une cache correspondant au rideau ; ces deux tableaux peuvent prendre un mouvement de haut en bas et réciproquement et sont actionnés par un levier horizontal qui les fait mouvoir en même temps, de telle sorte que la cache du côté du tableau obture peu à peu, au fur et à mesure que la cache de la seconde lanterne, en descendant, laisse apparaître le rideau.

CHAPITRE VIII.

LES CHROMATROPES.

Définition. — Les chromatropes. Exécution du dessin. — Exécution photographique. — Découpage des verres. — La tournette. — Mécanisme du chromatrope. — Le chromoscope. — Le kaléidotrope. — L'eidotrope. — L'astrométéoroscope.

50. Définition. — On appelle *chromatropes* (du grec χρῶμα, couleur; τρωπάω, tourner) une combinaison de deux disques, colorés de teintes vives, qui, tournant en sens inverse l'un de l'autre, produisent, par suite du phénomène de la persistance de la vision, les plus gracieux effets.

Les deux disques doivent porter un même dessin géométrique; la superposition des deux dessins face à face rend leurs lignes symétriques et, par suite de l'inversion des mouvements, les points de croisement de ces lignes tendent sans cesse à se rapprocher ou à s'éloigner du centre de rotation; les rosaces ainsi obtenues semblent s'épanouir ou se contracter d'un mouvement continu.

L'invention du chromatrope date du commencement du siècle et est due, croyons-nous, à un artiste anglais.

Sur le même principe ont été construits divers appareils auxquels leurs auteurs ont donné des noms particuliers, savoir :

Le *chromascope* d'Henry Morton; l'*eidotrope* de Wheatstone, le *kaléidotrope*, l'*astrométéoroscope* de Pichler, etc.

Tous ces appareils sont basés sur le même principe et seront successivement décrits.

51. Les chromatropes. Exécution du dessin. — Nous étudierons d'abord la manière de préparer les chromatropes. Les dessins sont exécutés sur des disques de 90mm de diamètre; la plupart du temps ils sont peints à la main directement sur le verre, mais l'amateur aura plus d'avantages à les dessiner d'abord sur bristol à échelle double ou triple, puis à les réduire par la Photographie; le même négatif devant lui donner les deux positifs voulus.

Les *fig.* 25 et 26 montrent trois modèles de rosaces tour-

Fig. 25.

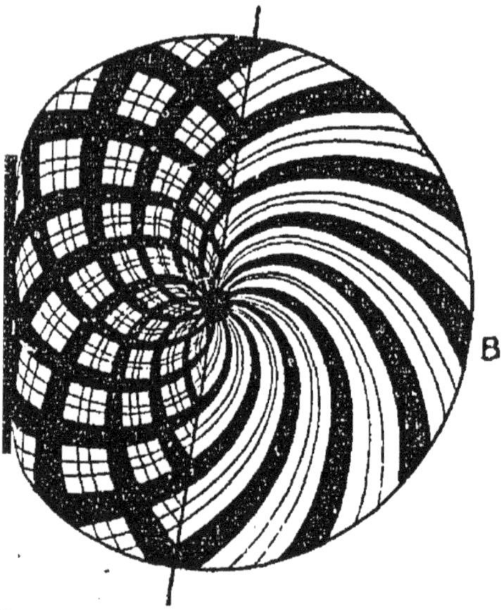

Fig. 26.

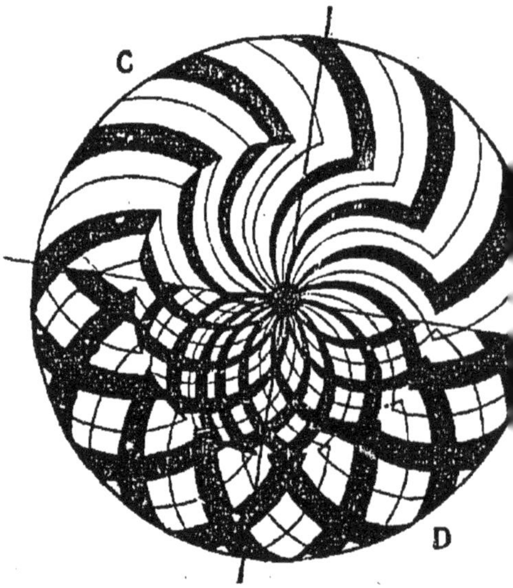

Effet de superposition. — B. Dessin simple. C. Dessin simple. — D. Effet de superpositio

Dessins de chromatropes.

nantes; on nomme plus particulièrement *dalhias* les figures produites par ces rayons contournés. Les dessins doivent être tracés de telle sorte que les lignes, sur les deux disques, s'entrecroisent sous un angle plus ou moins aigu; on simplifie beaucoup le travail en opérant de la façon suivante. Sur une feuille de bristol on trace une circonférence dont on partage le pourtour en 8, 12 ou 16 parties; on détermine la forme que doit avoir un des traits du dessin, du centre à la circonférence, et l'on reporte cette forme sur une bande de bristol qu'on découpe soigneusement avec des ciseaux, suivant le tracé adopté : sur cette bande on a eu soin de marquer exactement le point de centre. On constitue ainsi une sorte de gabarit qui servira à préparer le tracé : la feuille de bristol sur laquelle doit s'exécuter le dessin est fixée sur une planchette à dessin par quatre punaises et l'on pique au centre une épingle passant par le point de centre du gabarit; il suffit dès lors de faire tourner ce dernier autour de l'épingle servant de pivot, et d'en amener le bord successivement sur chacun des points de division de la circonférence. On trace alors sur le bristol le dessin en suivant le bord du gabarit avec un crayon taillé en pointe fine. En peu de temps le tracé est achevé; on le colorie avec de l'encre de Chine en teintes plus ou moins foncées suivant l'effet à obtenir.

Dans la partie B de la *fig.* 25 est indiqué le tracé d'un des verres; dans la partie A, l'effet produit par les deux verres superposés. En tournant dans un sens, on croit voir sur l'écran une sorte de boule s'épanouissant de plus en plus et roulant vers le spectateur; le mouvement inverse produit la contraction de la boule, qui semble rentrer sur son centre. Dans la *fig.* 26, les traits rayonnants forment une ligne brisée soit en éléments continus D, soit discontinus C; on produit ainsi sur l'écran l'effet d'une boule centrale se mouvant dans une couronne qui s'enroule en sens inverse. Dans la *fig.* 26 les parties supérieures donnent le tracé, les parties inférieures l'effet.

Nous n'insterons pas davantage sur le tracé des chromatropes, les combinaisons pouvant varier à l'infini; nous ferons observer seulement qu'il faut être sobre de colorations diverses, la multiplicité des couleurs nuisant à l'effet général; il est toujours utile de réserver un certain nombre de rayons opaques, noirs ou foncés, pour bien préciser le dessin et donner par contraste plus d'intensité aux autres teintes.

52. Exécution photographique. — Le négatif ayant été obtenu, il s'agit d'en tirer des positifs colorés sur des disques de verre : le procédé le plus simple à employer est celui au charbon, soit qu'on emploie des mixtions colorées telles que le commerce les fournit, soit qu'on use du procédé par imbibition indiqué par MM. Lumière [1]. Le papier sensibilisé est découpé au laboratoire rouge en forme de disques de la grandeur voulue, au moyen d'un gabarit en carton. On expose derrière le négatif, sur lequel on a eu soin de coller, sur le côté gélatiné, une cache de bristol mince portant une ouverture ronde de la grandeur du disque et qui servira à centrer exactement le rond de papier sensibilisé. On développera par les moyens habituels, en appliquant l'épreuve sur un disque de verre qu'on aura découpé au diamètre convenable par les moyens indiqués plus loin.

On peut encore employer les procédés cyanotypes ou au gélatinochlorure, mais le découpage du verre ne peut se faire qu'après l'achèvement de l'épreuve.

---

[1] Voir : FOURTIER (H.), *Les Positifs sur verre. Théorie et pratique. Les Positifs pour projections. Stéréoscopes et vitraux. Méthodes opératoires. Coloriage et montage.* Grand in-8, avec figures; 1892 (Paris, Gauthier-Villars et fils).

Ces divers procédés donnent des monochromes, mais on peut varier les effets soit en superposant deux disques de colorations différentes, soit en ajoutant quelques traits de couleurs diverses à l'aide de la tournette (*voir* plus loin).

53. Découpage des verres. — Le moyen le plus simple pour découper les verres en forme de disques consiste à employer un gabarit en bois tourné, de 4^{mm} à 5^{mm} d'épaisseur, ayant un diamètre égal au disque, diminué de deux fois l'épaisseur du diamant. Ayant découpé un carré de verre de 10^{cm} à 12^{cm} de côté, on pose au centre le gabarit, dont on suit le contour à l'aide du diamant.

Ceci fait, on rejoint le tracé aux bords du carré par quelques coups de diamant tangents à la circonférence, on retourne le verre et, sur le côté opposé au trait, et bien exactement au-dessus de lui, on frappe de petits coups avec la monture du diamant; il ne tarde pas à se former, dans l'épaisseur du verre, une petite fêlure, qui se décèle par un trait noir; en continuant à frapper tout en suivant la fêlure au fur et à mesure qu'elle progresse, on fait tomber les coins et le disque se trouve nettement découpé : on pourra au besoin adoucir l'arête tranchante à l'aide d'une meule de grès. Il convient dans cette opération que la meule baigne largement dans l'eau pour éviter la formation d'éclats sur les bords.

54. La tournette. — Le meilleur appareil cependant pour découper les verres est la tournette (*fig.* 27). Il est très facile pour l'amateur de construire lui-même cet instrument dont nous donnerons une brève description. Sur une planchette rectangulaire A, on implante un pivot en fer sur lequel tourne librement, mais sans flottement, un plateau de bois dur B en forme de disque de 20cm à 25cm de diamètre et de 10mm à 15mm d'épaisseur; sur la planchette est fixé un petit socle de bois C, soutenant, à l'aide d'une coulisse en métal et d'une vis de pression E, une réglette disposée suivant un des rayons du disque et à l'extrémité de laquelle on assujettit le diamant F. La plaque de verre G, ayant été disposée concentriquement au plateau, est maintenue en place à l'aide de

Fig. 27.

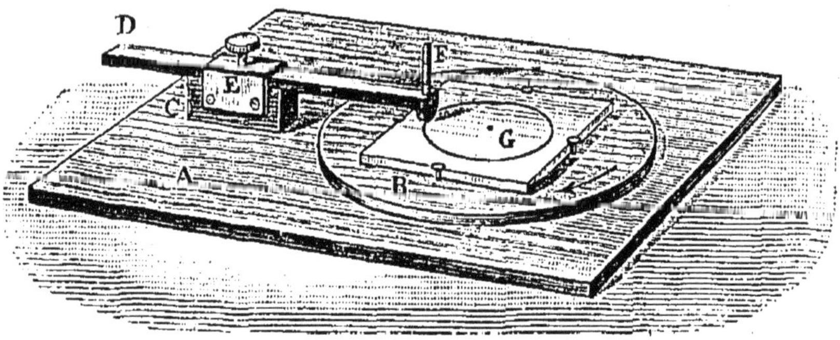

La tournette.

quatre petites pointes de tapissier. On règle le diamant à l'écartement voulu du centre et tandis qu'on l'appuie d'une main sur le verre, on imprime de l'autre un lent mouvement de rotation au disque de bois, et le diamant décrit sur le verre le cercle voulu ; on détache le disque par les procédés ci-dessus décrits.

La tournette sera aussi employée à peindre les verres de chromatropes; dans ce but, le tracé ayant été préparé à l'avance en vraie grandeur sur papier à dessin, on le fixe sur le plateau de manière à faire coïncider le centre d'un des cercles ou portions de cercle du tracé avec l'axe de la tournette : on place par-dessus le disque de verre maintenu par trois pointes enfoncées contre ses bords et l'on remplace le diamant par un pinceau chargé de vernis, et, tandis que d'une main on appuie plus ou moins sur le pinceau pour élargir ou effiler le trait, on agit sur la tournette pour produire le premier tracé. Celui-ci obtenu, sans toucher au modèle, on fait tourner le disque de verre entre les pointes de manière à amener le premier tracé sur le suivant du modèle; on trace le second trait et l'on continue ainsi jusqu'à complet achèvement du chromatrope.

55. Mécanisme des chromatropes. — Le montage primitif des chromatropes était le suivant : les deux disques étaient enchâssés dans des poulies évidées en bois ou en métal, disposées dans une monture en bois. Deux cordes sans fin passant sur les gorges des poulies étaient tendues

Fig. 28.

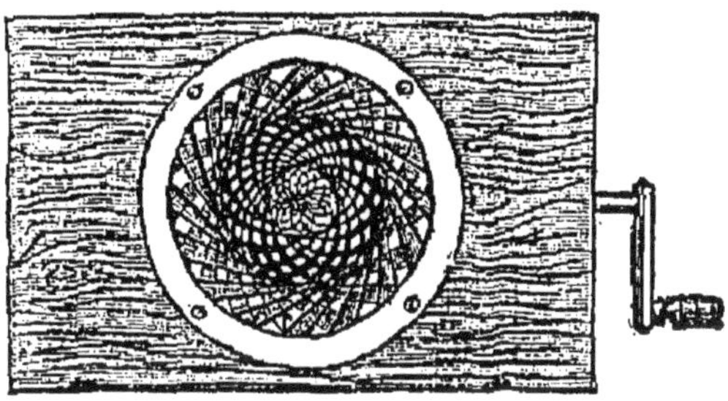

Chromatropes à engrenages.

par une petite poulie fixe actionnée par une manivelle Pour inverser les mouvements, une des cordes était montée à brins parallèles, l'autre à brins croisés; ce dispositif avait l'inconvénient de donner un mouvement de rotation inégal par suite du glissement des cordes.

A l'heure actuelle, on emploie le dispositif suivant, qui donne un mouvement continu et régulier : dans une planchette de bois est pratiquée une ouverture circulaire dans laquelle se meuvent deux bagues en métal, dentées sur une de leurs faces latérales. Les deux dentures sont placées face à face et entre elles se meut un petit pignon actionné par une manivelle (*fig.* 28); il résulte de la disposition même de cet engrenage que les deux bagues tournent en sens inverse sous l'action du pignon. Les disques du chromatrope sont simplement placés dans les bagues et maintenus en place par un anneau brisé en laiton formant ressort : il en résulte qu'une ou deux montures suffisent, puisque, au cours de la séance, le changement des disques peut s'effectuer avec rapidité.

56. Le chromascope. — Le chromascope (χρῶμα, couleur; σκοπέιν, montrer) est une variété de chromatrope destiné surtout à montrer le résultat du mélange des lumières colorées avec la lumière blanche, ce que Chevreul a appelé les *couleurs éclaircies*. Il se compose d'un disque de laiton percé d'une fenêtre hémicirculaire sur lequel est monté excentriquement un second disque de verre mi-parti blanc, mi-parti coloré. En imprimant au grand disque un rapide mouvement de rotation, il se forme sur l'écran un cercle coloré composé d'anneaux, qui s'éloignent ou se rapprochent du centre en ondes diversement teintées suivant la position du second disque. Cet appareil est dû au professeur anglais Henry Morton et donne lieu à de très gracieux effets de lumière, sans cesse changeants.

57. Le kaléidotrope. — Le kaléidotrope (χαλος, beau; ειδος, image; τρωπάω, tourner), se compose d'un disque de laiton percé de trous irrégulièrement disposés, dont les uns sont garnis de petites plaques de gélatine colorée. Ce disque est monté à pivot sur un fort ressort, de telle sorte que, si on lui imprime un mouvement de rotation, en agissant du bout du doigt sur la circonférence, il se balance dans le plan même de sa rotation; la composante de ces deux mouvements fournit les plus capricieuses figures : cercles d'amplitudes différentes s'entrecroisant de toutes les façons possibles, courbes épicycloïdales les plus variées et changeant continuellement d'aspect.

58. L'eidotrope. — L'eidotrope (εἶδος, image; τρωπάω, tourner), inventé par M. Wheatstone, est une variété de chromatrope dans lequel les disques de verre peints sont remplacés par des disques de métal percés de trous ou de figures géométriques; malgré la simplicité d'un tel arrangement, on obtient de très beaux effets, remarquables surtout par la variété des combinaisons produites.

59. L'astrométéoroscope. — Sous ce nom, un peu barbare, un mécanicien hongrois, Pichler, a construit une autre variété de chromatrope ou mieux d'eidotrope, dans lequel deux disques de métal perforés de minces fentes symétrique sont non seulement un mouvement de rotation inverse, mais en même temps un double mouvement de va-et-vient, ce qui donne lieu aux formations géométriques les plus variées.

Bien que ces derniers appareils ne puissent être produits par des moyens photographiques, nous avons cru devoir les décrire, car ils complètent notre étude sur les chromatropes.

CHAPITRE IX.

LA PROJECTION DU MOUVEMENT.

LES PHÉNAKISTICOPES.

La photographie du mouvement. — Persistance de la vision. — Le phénakisticope. — Le stroboscope. — Le zootrope. — Le praxinoscope. — Applications aux projections. — Applications du phénakisticope. — Phénakisticope Molteni. — Praxinoscope de projection. — Le choreutoscope. — Le choreutoscope tournant. — Le choreutoscope à bandes. — Le choreutoscope géant. — Exécution des sujets par la Photographie.

60. La photographie du mouvement. — La Photographie, qui peut fixer en des temps extrêmement courts et rapprochés de multiples images d'un corps en mouvement, a pu permettre l'étude détaillée des diverses phases par lesquelles passe l'accomplissement d'un acte quelconque exécuté par l'homme ou l'animal. Nous nous contenterons de rappeler à ce sujet les travaux de MM. Marey, Demeny, Londe en France, Muydbrige en Amérique, Anschutz en Allemagne. Si cette décomposition du mouvement a pu se faire en une série d'images successivement immobilisées, réciproquement il est possible, avec ces mêmes images, de reconstituer pour notre œil le mouvement lui-même, en les présentant dans des conditions particulières sur lesquelles il convient d'insister.

61. Persistance de la vision. — Nous avons déjà signalé l'imperfection relative du mécanisme de la vision, il est utile d'entrer dans quelques détails à ce sujet. L'œil agit absolument à la façon d'un appareil photographique ; non pas seulement par suite de sa conformation physique, absolument assimilable à celle de la chambre noire, mais aussi parce qu'il se passe dans le fond de l'œil une action chimique semblable à celle qui s'opère sur la surface sensible photographique. Le fond de l'œil est en effet tapissé d'une série de petits corpuscules, les cônes et les bâtonnets, disposés les uns à côté des autres à la façon des cubes d'une mosaïque. En 1876, Boll et, plus tard, Kühn communiquaient à l'Académie de Berlin une curieuse découverte. Ils démontraient que ces corpuscules étaient imprégnés d'une matière rouge pourpre, qui, détruite par la lumière, se reforme avec plus ou moins de rapidité par l'action vitale. Ils arrivaient même à conserver cette image, qui se présentait en blanc sur fond rouge ; après avoir fait regarder un objet brillant par un animal, on le tuait et l'on préparait la rétine par des procédés chimiques particuliers : c'est ce qu'on a appelé l'*optographie*. C'est donc le temps que met l'image réelle à se détruire au fond de l'œil, qui constitue la persistance de la vision, et ce temps est d'autant plus long que l'impression première a été plus vive ou plus longue.

D'Arcy au siècle dernier, Aimé et Plateau dans celui-ci, ont fait de nombreuses expériences pour évaluer la durée de l'impression ; elle a été trouvée en moyenne de $0^s,84$. D'un autre côté, Helmholtz arrivait à cette conclusion, que des impressions lumineuses répétées produisaient le même effet sur l'œil qu'un éclairage continu : mais inversement, si chaque impression lumineuse est séparée par un instant de repos très court dans lequel aucune lumière n'est envoyée à l'œil, celui-ci est apte à saisir les diverses images, pourvu qu'elles se succèdent à des intervalles égaux ou un peu supérieurs à la durée de l'impression.

Tel est le principe sur lequel reposent les divers instruments qui permettent de reconstituer la sensation du mouvement à l'aide d'images rapprochées.

62. Le phénakisticope. — Un physicien belge, Plateau, construisit sur ces données le premier instrument de ce genre qu'il appela *phénakisticope* (φέναξ, trompeur; σκοπέω, je vois). Il consistait essentiellement en deux disques de car-

Fig. 29.

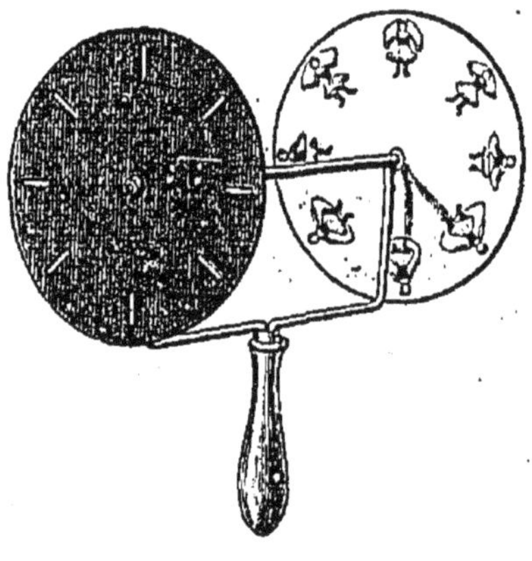

Le phénakisticope de Plateau.

ton (*fig.* 29) montés sur un même axe et espacés d'environ la longueur de la vision distincte. L'un de ces plateaux est noir et percé d'un certain nombre de fentes étroites équidistantes : l'autre porte un même nombre de figures, représentant les diverses phases d'un mouvement. Si l'on regarde ces figures à travers une des fentes et qu'on fasse tourner le système avec une vitesse convenable, on a aussitôt l'impression du mouvement; les diverses attitudes viennent se succéder sur le même point de la rétine et la vision est obturée en quelque sorte par les espaces opaques situés entre les diverses fentes.

63. Le stroboscope. — Peu après, un Allemand, Stampfer, simplifiait la construction de l'appareil et donnait au nouvel instrument qu'il avait inventé le nom de *stroboscope* (στρόβος, mouvement en rond, σκοπέω, je vois). Deux disques, de diamètres différents, sont accolés dos à dos; le plus grand est percé de fentes; à l'intérieur de cette couronne d'ouvertures est placé un disque plus petit sur lequel sont dessinées les figures; le tout est monté sur un axe à poignée. Pour se servir de l'appareil, il suffit de se placer en face d'une glace et de regarder par les fentes pendant qu'on imprime au double disque un mouvement de rotation. Le rayon visuel se brisant sur la glace vient frapper sur le disque et l'illusion du mouvement est produite par les mêmes moyens que précédemment.

Remarquons que, dans ces deux appareils, si le nombre des ouvertures est égal au nombre des images, le sujet exécute son mouvement sur place; si, au contraire, le nombre d'ouvertures diffère d'une unité en plus ou en moins, le sujet, tout en exécutant son mouvement, semble avancer ou reculer.

Une variété de ces appareils a été appelée le *kinesticope* (χίνησις, mouvement; σκοπέω, je vois).

64. Le zootrope. — Vers 1868, a été indiquée une nouvelle construction de ce genre, qu'on a appelée *zootrope* (ζῶον, animal; τρωπάω, tourner). Il consiste essentiellement en un cylindre noirci (*fig.* 30), portant vers le bord supérieur une série de fentes verticales; le cylindre est ouvert par en haut et fermé à sa base par un disque monté à pivot sur un pied. On place dans l'intérieur du cylindre une longue bande sur laquelle sont dessinées les diverses images. Cette bande s'enroule au fond du cylindre, dont elle épouse la forme; si l'on imprime au zootrope un mouvement de rota-

Fig. 30.

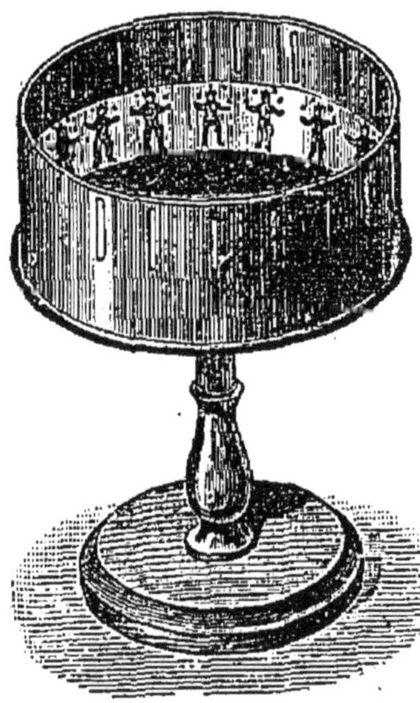

Le zootrope.

tion en regardant à travers les fentes, l'illusion du mouvement se produit aussitôt.

65. Le praxinoscope. — En 1881, M. Reynaud a apporté une heureuse modification au zootrope et a augmenté de beaucoup l'éclat des images.

L'appareil (*fig.* 31) se nomme le *praxinoscope* (πρᾶξις, action; σκοπέω, je vois); il se compose d'un cylindre bas, monté comme celui du zootrope, mais dans lequel on a supprimé la partie supérieure contenant les ouvertures; au centre se trouve un prisme à faces multiples en glaces étamées; le

Fig. 31.

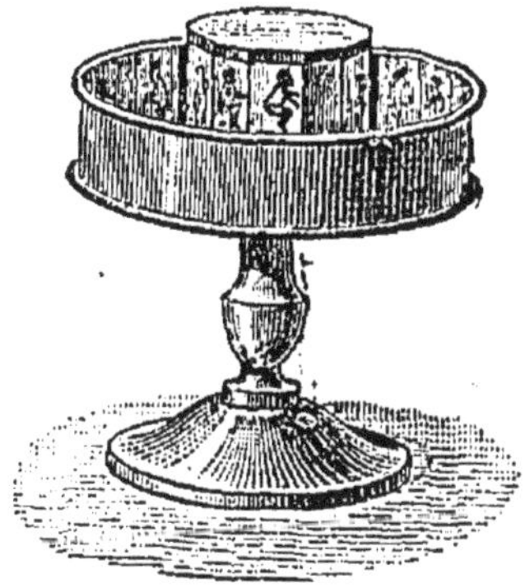

Le praxinoscope de Reynaud.

prisme a un diamètre égal à la moitié du diamètre du cy-

Fig. 32.

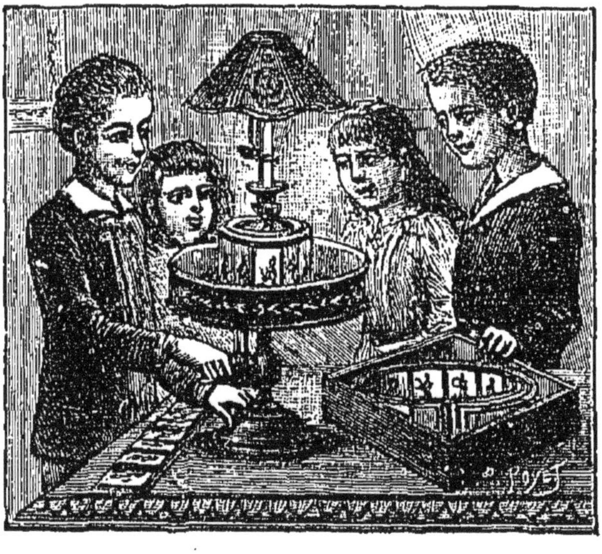

Praxinoscope à manivelle.

lindre et une bande d'images en nombre égal à celui des côtés du prisme se dispose contre la surface intérieure du cylindre.

Lorsqu'on fait tourner le praxinoscope, on observe les images dans le prisme de glaces, celles-ci se succédant à intervalles réguliers, l'illusion cherchée est produite : l'image résultante, plus vive, puisque la lumière n'est pas diminuée

Fig. 33.

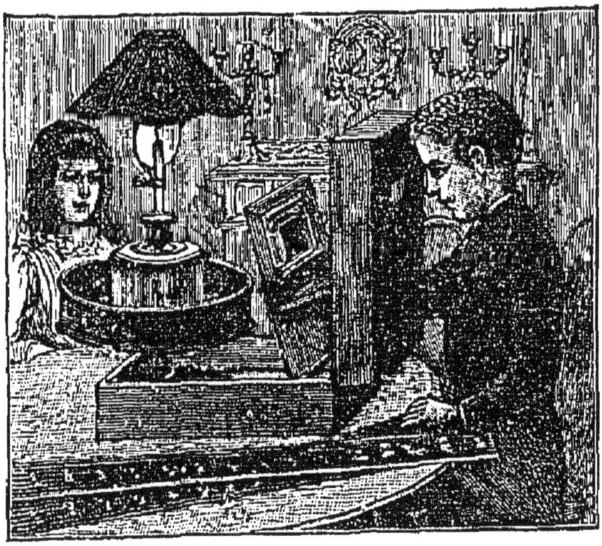

Praxinoscope-théâtre de Reynaud.

par un passage à travers une fente étroite, se forme toujours virtuellement au centre de rotation. Pour assurer la rotation uniforme du praxinoscope, M. Reynaud a actionné l'appareil à l'aide d'une poulie et d'une corde sans fin. La *fig.* 32 montre ce dispositif, et indique la façon de se servir de cet appareil qui peut être observé par plusieurs personnes à la fois ; signalons même que certains modèles sont munis de petits moteurs électriques pour entretenir le mouvement de façon uniforme.

Le praxinoscope a été très étudié par son auteur et une

des formes les plus curieuses a été réalisée sous le nom de *praxinoscope-théâtre*.

La *fig*. 33 donne l'aspect extérieur de l'appareil. Un praxinoscope est muni d'une bande d'images colorées, silhouettées sur fond noir, celles-ci sont examinées à travers une glace garnissant une ouverture pratiquée dans une feuille de carton, qui porte un petit décor représentant une scène miniature avec son manteau d'Arlequin et ses draperies latérales. Sur cette glace vient se refléter un décor de fond disposé partie en face de la glace, partie sur un plan incliné. En regardant par l'ouverture spéciale ménagée sur le couvercle de l'appareil, on aperçoit le décor par réflexion et le sujet par transparence. Celui-ci étant plus éclairé, se profile parfaitement sur le décor et l'acte représenté semble s'accomplir dans son milieu habituel.

L'effet est des plus curieux; il y a lieu d'ajouter que scènes et décors ont été dessinés de la plus ingénieuse façon, de manière à concourir le mieux possible à l'effet général.

66. Applications aux projections. — Nous avons tenu à indiquer, dans les pages qui précèdent, les divers modes de constructions employés pour obtenir la reconstitution du mouvement : ces différentes formes ont été successivement appliquées à la lanterne de projection; mais, dans ce cas, le problème est plus complexe; il y a lieu, avant tout, d'éviter les pertes de lumière; les images doivent se former sur l'écran pendant un temps appréciable, se substituer exactement les unes aux autres, sans que le spectateur ne puisse saisir le mouvement de translation nécessaire pour leur changement. Enfin, les apparitions de chacune des phases doivent être séparées par une obturation plus ou moins prolongée du rayon lumineux, obturation au cours de laquelle pourra se faire le changement d'images.

Nous verrons que ces diverses conditions ont été plus particulièrement satisfaites dans un appareil anglais appelé le *choreutoscope*. Il nous paraît cependant utile de décrire ici les différents modèles de phénakisticopes de projections, afin d'en faire ressortir les défauts et les qualités et empêcher, par suite, les amateurs de se lancer dans des recherches déjà faites et ne pouvant donner que des résultats imparfaits.

67. Applications du phénakisticope. — Le phénakisticope de Plateau, avec ses deux disques tournants, a été employé dès les débuts en Angleterre sous le nom de *Roue de vie* ou *Couronne vivante*, *Wheel of life*. Il se composait de deux disques : l'un en carton léger, percé de fentes étroites, et l'autre en verre portant les sujets peints. Ils étaient montés l'un contre l'autre sur un même axe, et un système d'engrenages ou de cordes croisées les faisait tourner en sens inverse. Le principal défaut de l'appareil était de présenter la série de sujets disposés en couronne et accomplissant les uns après les autres le mouvement représenté; c'était là du reste l'origine du nom de l'appareil. D'autre part, la lumière ne pouvant passer que par une étroite fente, l'éclat des images était de beaucoup diminué.

On a voulu parer au premier inconvénient en augmentant le diamètre des disques, ce qui permettait de donner une plus grande hauteur au sujet : un écran percé d'une fenêtre de grandeur convenable ne laissait voir qu'une seule figure : mais les différentes parties ayant des vitesses d'autant plus grandes qu'elles étaient plus éloignées du centre de rotation, l'image se déformait en s'aplatissant dans le sens de la hauteur, et l'on dut combiner des dessins intentionnellement déformés en sens inverse, de manière à rétablir dans la projection les proportions voulues. La confection de l'image devenait dès lors très difficile et l'on ne parvenait pas toujours à corriger les aberrations, celles-ci dépendant beaucoup de la vitesse de rotation imprimée au système.

68. Phénakisticope Molteni. — Vers 1882, M. Molteni a repris l'appareil et lui a fait subir quelques modifications.

Le disque obturateur (*fig.* 34) est percé d'une seule fe-

Fig. 34.

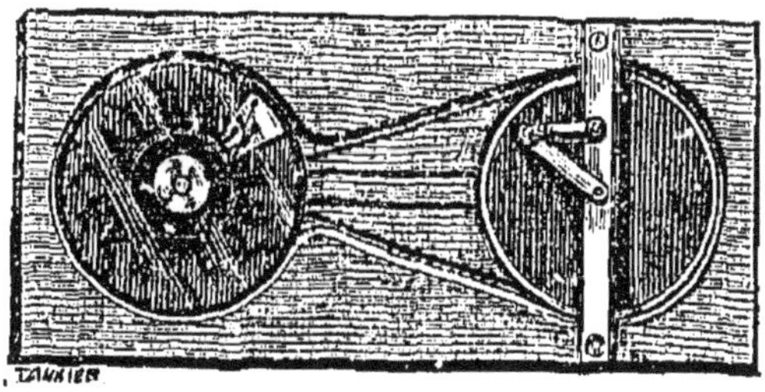

Phénakisticope Molteni.

nêtre, de forme trapézoïdale, capable d'encadrer un des sujets; ce disque et le plateau de verre tournent en sens inverse à l'aide de cordes sans fin, mais avec des vitesses différentes, convenablement calculées; le plateau de verre tournant beaucoup plus lentement que le disque à fenêtre. Cet appareil peut donner soit une couronne de sujets en mouvement, soit un seul, si l'on emploie un écran : la déperdition de lumière est moins considérable, c'est un notable perfectionnement de la Wheel of life.

69. Praxinoscope de projection. — A la même époque, M. Reynaud a modifié son praxinoscope pour l'appliquer à la lanterne de projections (*fig.* 35). Les sujets sont peints sur de petites plaquettes de verre carrées, réunies les unes aux autres par des bandelettes croisées d'étoffe, formant ainsi une bande flexible, qu'on dispose dans un praxinoscope de forme évasée et dont la couronne est à jour. Au

Fig. 35.

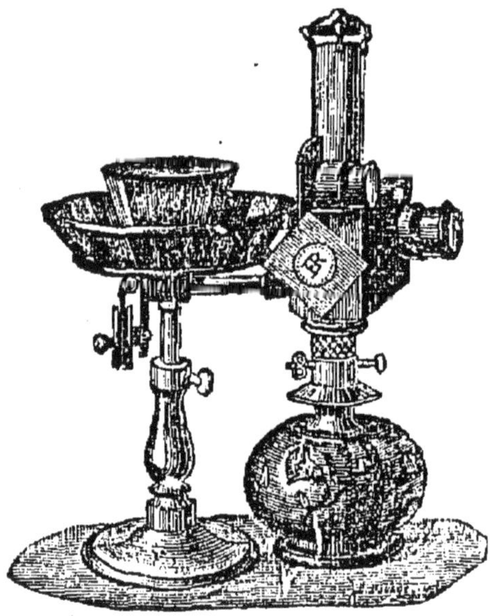

Praxinoscope de projection Reynaud.

centre, le prisme de glaces est remplacé par un tronc de pyramide incliné à 45°; on éclaire l'appareil à l'aide d'un lampascope spécial. La lumière, reflétée par un miroir à 45°, traverse les verres peints, se réfléchit horizontalement sur un objectif, qui forme l'image agrandie sur l'écran. Il est clair que, par ce moyen, on ne peut obtenir que de petites images, à cause de la déperdition de lumière par les réflexions successives. Notons cependant que M. Reynaud a eu l'ingénieuse idée de profiter de la lumière, non employée dans le lampascope, pour lui faire projeter un tableau fixe, peint en couleurs un peu sombres, sur lequel vient se détacher l'image en mouvement; on retrouve ainsi l'effet étudié dans le praxinoscope-théâtre.

70. Les choreutoscopes. — Le choreutoscope, dont le nom barbare vient du grec et signifie « qui montre les danses », a été inventé ou tout au moins construit en Angleterre par Hughe. Il en existe trois modèles : le choreutoscope tournant, le choreutoscope à bandes et le choreutoscope géant, qui n'est qu'une amplification du dernier.

Ces appareils reposent sur les principes émis précédemment (**42**) et se signalent à l'attention non seulement par la perfection de l'image formée, mais surtout par l'ingéniosité des moyens mécaniques employés.

71. Le choreutoscope tournant. — Le choreutoscope tournant (*fig.* 36), qui est particulièrement construit par

Fig. 36.

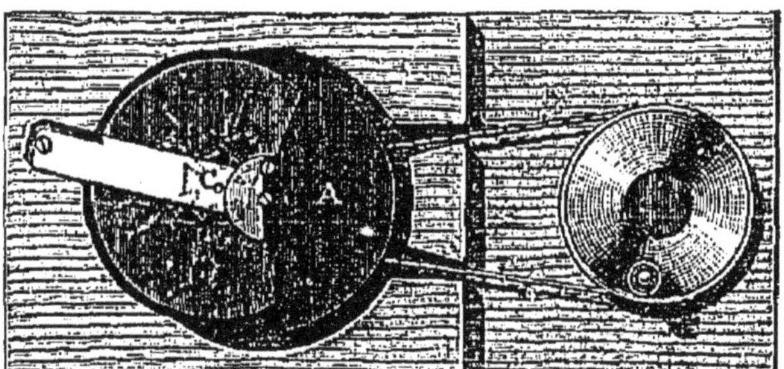

Choreutoscope Molteni.

M. Molteni, se compose d'une monture en bois de la grandeur des chromatropes ordinaires : sur un disque en verre ou en mica le sujet est peint en six poses différentes. Ce disque tourne follement sur un axe et porte une croix de Malte avec six échancrures correspondant aux six sujets. La monture est percée d'une fenêtre ronde de la grandeur du sujet; tout près et contre la croix de Malte, se meut une petite roue portant une seule dent et solidaire d'une poulie manœuvrée par une corde sans fin et un volant à manivelle. La poulie est munie d'un secteur en carton noir, léger, de même diamètre que le disque peint et tournant un peu excentriquement par rapport à lui. Lorsqu'on agit sur le volant, le secteur vient obturer la fenêtre de la monture, et au même moment, l'unique dent de la roue engrène avec la croix de Malte et lui fait faire un sixième de révolution, après quoi elle se désengrène, et le secteur, continuant son mouvement, démasque l'ouverture laissant paraître un des sujets; celui-ci reste visible et immobile pendant un demi-tour de la poulie portant le secteur, qui vient obturer de nouveau pendant que le sujet est changé, et ainsi de suite. On voit donc que, dans ce mécanisme, la substitution des images s'opère pendant l'obturation, la projection dure un temps appréciable, permettant à l'œil de saisir tous les détails du sujet et, enfin, celui-ci a un grand éclat : il en résulte que l'effet produit est très complet; tout au plus pourrait-on lui reprocher de donner un mouvement un peu saccadé, ce qui tient uniquement au petit nombre d'images projetées.

72. Le Choreutoscope à bandes. — La substitution des disques peints les uns aux autres étant une opération assez longue dans l'appareil précédent, Hughe a combiné le choreutoscospe à bandes (*fig.* 37) qui se compose essentiellement d'un cadre de bois léger, dans lequel se glisse une bande peinte contenant six sujets : cette bande a une longueur de 195^{mm} sur 44^{mm} de hauteur, ce qui donne pour chaque sujet un espace de 22 × 36.

Ce cadre se meut dans l'intérieur d'une monture métallique percée d'une fenêtre de la grandeur du sujet; l'avancement est réglé de la façon suivante : une manivelle agit sur une roue munie d'une seule dent, d'un tracé particulier, qui engrène avec une crémaillère de bois fixée au cadre mobile. Cette crémaillère se compose d'éléments en forme

Fig 37

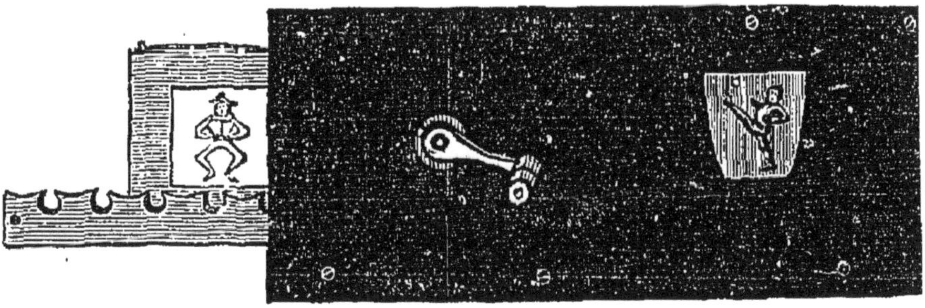

Choreutoscope à bandes de Hughe.

d'arcs concaves de même rayon que celui de la roue motrice et d'échancrures à la demande de la dent. Lorsque la roue motrice est mise en mouvement, tant que sa circonférence est en contact avec l'arc concave, elle n'a aucune action sur la crémaillère, si ce n'est d'empêcher celle-ci d'avancer ou de reculer; dès que la dent engrène sur l'échancrure, elle fait avancer brusquement la crémaillère d'une certaine quantité, exactement égale à celle de la largeur du sujet. Ainsi, par chaque tour de manivelle, la crémaillère, après être restée immobile pendant une partie de la rotation, est rapidement attirée ou repoussée suivant le sens du mouvement. La roue porte un excentrique qui agit sur un levier terminé par une plaquette d'ébonite : le tracé de l'excentrique est tel que, lorsque la dent est prête d'agir sur la crémaillère, le levier est soulevé et la plaque d'ébonite vient obturer la fenêtre, restant dans cette position jusqu'à ce que la dent ait échappé de son échancrure; à ce moment l'obturateur retombe; il suffit donc, avec cet appareil, d'imprimer à la manivelle une rotation régulière et, après six tours dans un sens, tourner en sens inverse pour obtenir en projection un mouvement continu. Le changement de sujet s'opère avec rapidité, il suffit d'ouvrir une porte latérale du cadre mobile et de remplacer la bande peinte par un autre.

73. Le choreutoscope géant. — Ce premier appareil avait l'inconvénient de donner des images assez petites. Hughe a combiné un appareil plus grand, dans lequel les sujets ont les dimensions ordinaires des projections. Le mécanisme est à peu de chose près le même; il a fallu seulement modifier la course de la crémaillère, et l'effet a été obtenu en employant trois dents qui engrènent mieux et donnent la force nécessaire pour entraîner le cadre mobile forcément plus lourd.

74. Exécution des sujets par la Photographie. — Tels sont les divers moyens en usage pour obtenir la reproduction du mouvement dans la lanterne de projection; nous dirons un mot de la préparation photographique des sujets.

Lorsque les mouvements ont lieu à la surface du sol, c'est-à-dire sans suspension dans l'espace, on pourra obtenir une série de clichés posés, en variant convenablement les attitudes du sujet; s'il s'agit d'un mouvement dans l'espace, on pourra prendre une série d'épreuves instantanées en des moments différents, le sujet répétant le mouvement autant de fois qu'il sera nécessaire; mais il est évident que le but sera plus sûrement atteint par les méthodes de chronophotographie. Cependant les premiers procédés, plus à la portée de l'amateur, permettent de former des collections suffisamment variées pour qu'il n'y ait pas lieu de tenter l'emploi de ces derniers appareils, délicats à manier et coûteux.

CHAPITRE X.

THÉATRES OPTIQUES.

Premiers essais. — Le théâtre optique de M. Reynaud. — La bande de poses. — Effets de répétition. — Effets particuliers. — Le répertoire du théâtre optique.

75. Premiers essais. — A diverses reprises, on a cherché à obtenir des projections animées et à constituer ainsi une sorte de théâtre, dans lequel les personnages étaient en quelque sorte figurés par un faisceau de lumière. Le physicien Charles, dans son mégascope, présentait par réflexion des têtes vivantes. Nous n'avons que peu de renseignements à ce sujet; mais il n'est guère probable, étant données les sources de lumière connues à cette époque, qu'il pût arriver à des résultats bien satisfaisants.

Robertson, dans ses Mémoires anecdotiques, dit qu'il a employé à la Haye un système de ce genre, et, de sa description un peu diffuse, nous retiendrons ce seul point, qu'il obtenait sur un écran de petites dimensions la réflexion d'une scène jouée par des personnages vivants. Ceux-ci, fortement éclairés, venaient se refléter dans un miroir concave, formant sur un écran, placé en dedans de son foyer, l'image de ces personnages très rapetissés. La salle devait être en forme de coin et un petit nombre de spectateurs seulement pouvaient être admis à jouir du spectacle.

On a aussi tenté de se servir, dans le même but, de la

chambre noire; les images des acteurs vivants, avant de venir se peindre sur la glace dépolie, devaient être redressées soit à l'aide d'un prisme, soit d'un double jeu de glaces; mais il est évident que, par ces procédés, il y avait une forte déperdition de lumière.

76. Le théâtre optique Reynaud. — M. Reynaud, dont nous avons signalé dans le Chapitre précédent les curieux appareils, connus sous le nom de phénakisticopes, a résolu le problème d'une très ingénieuse manière. Nous décrirons ce procédé parce qu'il est une des plus jolies applications de l'art des projections, qui aient été faites jusqu'ici.

Après une série de recherches, qui ne lui ont pas coûté moins de dix années d'études, l'ingénieux inventeur s'est arrêté au dispositif suivant, dont la *fig.* 38 nous donne l'aspect général.

Le praxinoscope de projection ne pouvait employer qu'un nombre restreint de poses, et le personnage représenté devait accomplir un cycle de mouvements se renouvelant sans cesse. M. Reynaud a eu l'idée de disposer un grand nombre de poses diverses de manière à former une longue bande souple pouvant défiler lentement devant un prisme à multiples facettes de glaces, comme dans le praxinoscope. Par un choix judicieux de poses, il a pu ainsi obtenir en projections toutes les péripéties d'une action, quels que soient le nombre des personnages et la diversité des actes qu'ils aient à accomplir.

77. La bande de poses. — Les personnages sont dessinés et peints sur une matière transparente et d'une certaine souplesse, qu'il nomme cristalloïde : ils sont, bien entendu, silhouettés sur fond noir. Les petites images sont assemblées à l'aide d'un double ruban de fil, en haut et en bas, et

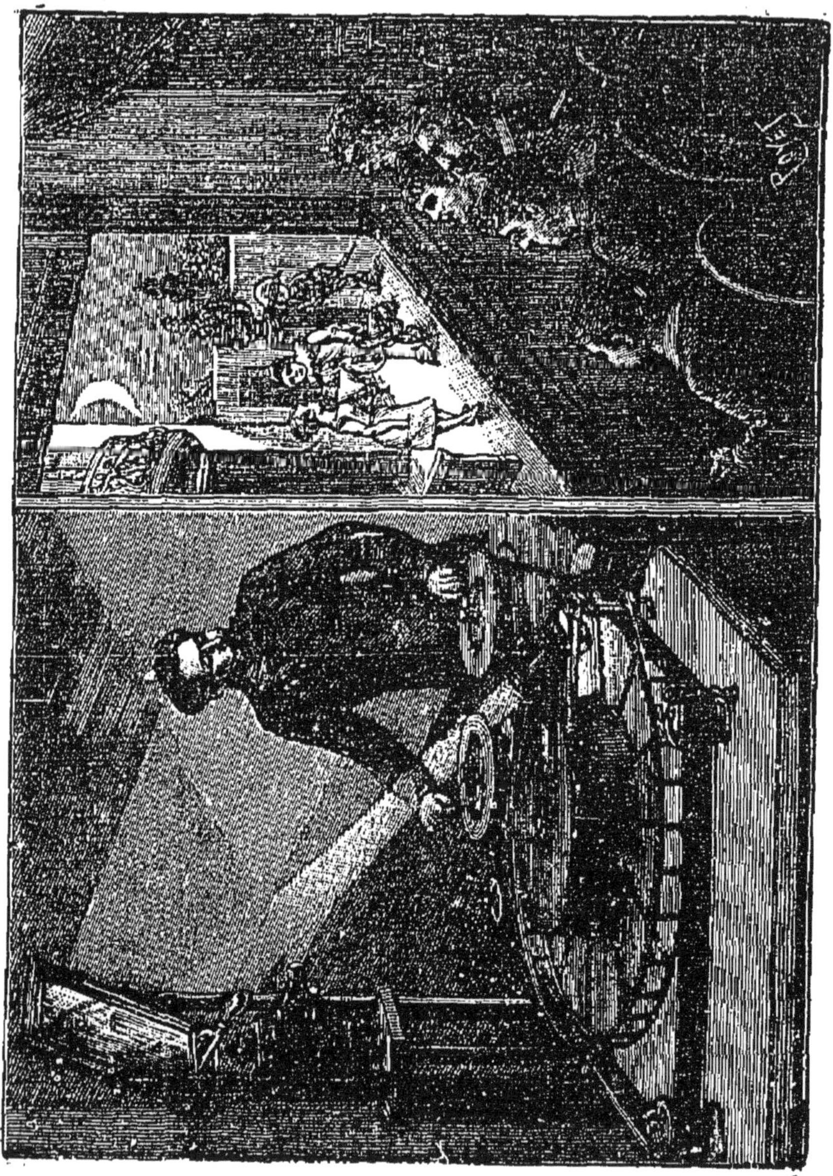

Le théâtre optique.

séparées par de petits carrés de mêmes dimensions en bristol noir. Cette bande est enroulée sur un premier dévidoir horizontal placé à la portée de la main gauche de l'opérateur (voir *fig.* 38).

La bande, au sortir du dévidoir, vient passer devant le condensateur d'une première lanterne de projection; en ce point elle est tangente à un grand tambour ajouré, portant en son milieu un prisme à multiples facettes de glaces, recouvert d'une enveloppe opaque, percée d'une fenêtre en face du condensateur.

La bande en défilant contre le tambour le fait tourner exactement avec la vitesse même dont elle est animée, quel que soit le sens de sa progression, grâce à un ingénieux système de boutons et d'œillets.

La bande en quittant le tambour passe sur trois larges poulies de renvoi et vient enfin s'enrouler sur un second dévidoir placé à côté du premier et à la portée de la main droite de l'opérateur. Le jeu des deux dévidoirs donne à la bande la tension nécessaire, et celle-ci peut progresser dans un mouvement d'avant ou d'arrière, au gré de l'opérateur.

Le rayon lumineux, modifié par son passage à travers le sujet peint, se réfléchit sur le miroir de glace, puis est repris par un prisme ordinaire, qui lui fait traverser un objectif de foyer convenable; mais, dans ce trajet, l'image est déformée et ne pourrait être reçue directement sur l'écran; elle est donc reprise par un miroir plan, incliné de façon convenable, et enfin réfléchie sur l'écran où elle se projette complètement redressée.

Une seconde lanterne, qu'on voit au-dessous du miroir, sert à projeter le décor : celui-ci doit être peint en couleurs un peu sombres, de manière à laisser le plus d'éclat possible aux petits personnages.

Le miroir est incliné et peut osciller suivant un axe vertical, il est mis en mouvement par un levier à manette glissant sur un limbe, de manière à fixer le miroir dans la position voulue. Grâce à ce dispositif, les personnages peuvent être promenés facilement dans toute la largeur de la scène, suivant l'acte qu'ils ont à accomplir.

78. Effets de répétition. — Il est évident que, par une telle construction, une saynette exigerait un très grand nombre de poses pour donner un spectacle ayant quelque durée. Mais M. Reynaud a pu en quelque sorte allonger considérablement la projection en remarquant que nombre des actes de la vie se composent d'une suite de répétitions de mouvements. Un exemple fera comprendre cet effet : au début de la pantomime de *Pauvre Pierrot*, dont la *fig.* 38 donne une des scènes, Arlequin passe sa tête au-dessus du mur du fond du jardin ; il grimpe peu à peu sur la crête du mur, puis se met en devoir de descendre dans le jardin ; dès qu'il a touché terre, il est pris de peur, remonte vivement sur le mur et disparaît un instant, pour revenir et descendre enfin dans le jardin où il appellera Colombine. Il a suffi, pour ces trois actions successives, d'une seule suite de poses : en faisant défiler la bande en avant, on a eu toutes les péripéties de la première descente ; mais, comme l'action inverse a dû s'exécuter en passant par la même série de poses, disposées en ordre rétrograde, il a suffi de faire marcher le dévidoir en sens inverse, et Arlequin a semblé remonter sur le mur et disparaître ; enfin, un dernier passage dans le premier sens a rétabli la première action.

Ainsi, grâce à la répétition, une faible portion de la bande a permis de projeter une action assez compliquée et durant un temps relativement long.

79. Effets particuliers. — Nous avons signalé la possibilité qui était donnée à l'opérateur de faire promener ses personnages en tous sens sur la scène; mais M. Reynaud ne s'en est pas tenu là : il a voulu que la bande en défilant provoque elle-même les bruits de coulisse nécessités par l'action, de manière à ce que ceux-ci se produisent exactement en temps voulu; dans ce but, il a fixé sur la bande de petites languettes d'argent qui viennent passer, quand il est nécessaire, sur un double contact et ferment alors un courant électrique; celui-ci anime un électro-aimant qui agit sur un petit frappeur particulier. Et lorsque Arlequin vient battre, de sa batte, le malheureux Pierrot, l'appareil reproduit le bruit du coup exactement en temps voulu.

Nous avons insisté sur ces petits détails pour montrer avec quelle ingéniosité, avec quel soin toutes les parties de l'appareil ont été conçues et exécutées.

80. Le répertoire du théâtre optique. — A l'heure actuelle, M. Reynaud a composé trois petites saynettes pour son curieux théâtre : Une scène comique, à quatre personnages, intitulée : *Un bon bock*. La bande ne comprend pas moins de 700 poses et a une longueur de 50^m; la projection dure de douze à quinze minutes environ.

Un intermède intitulé : *Le Clown et ses chiens*, comporte 300 poses et la bande a 22^m de longueur, donnant un spectacle de six à huit minutes.

Enfin, la pantomime *Pauvre Pierrot*, à trois personnages, comprend 500 poses sur une bande de 36^m et dure de dix à douze minutes.

Nous donnons ces chiffres pour faire ressortir l'importance de ce genre de projections : les diverses images ont été obtenues par le dessin, et nous ferons même remarquer à ce propos l'énorme travail qui a dû être fait pour arriver à trouver les poses nécessaires et les dessiner avec justesse. Nous pensons cependant que la Photographie pourra être employée à la production des diverses poses; il suffira d'avoir des modèles convenablement stylés et un appareil permettant de prendre les diverses poses à intervalles voulus, et nous considérons que ce n'est pas là un problème difficile à résoudre.

Quoi qu'il en soit, le théâtre optique est en quelque sorte pour le moment le summum du genre en ce qui concerne les projections mouvementées; c'est à ce titre que nous avons cru devoir lui consacrer une étude dans ce livre.

Rien n'est plus curieux que de voir aller, venir, s'agiter ces petits personnages qui peuvent atteindre telle grandeur qu'on voudra, dépendant du recul. M. Reynaud a trouvé qu'avec un recul de $1^m,50$ les personnages ont environ $0^m,45$ de hauteur, et l'on atteint la grandeur naturelle avec un recul de 9^m à 10^m.

CHAPITRE XI.

PROJECTION DES TABLEAUX MOUVEMENTÉS.

Généralités. — Écrans colorés. — Méthodes de projection. — Repérage des tableaux. — Effets fondants. — Les accessoires. — Projections scientifiques.

81. Généralités. — La projection des vues mouvementées n'est pas sans présenter de réelles difficultés si certaines vues exigent des lumières vives, soit pour compenser leur peu de transparence, soit pour produire des oppositions marquées, les autres au contraire ne demandent qu'un faible éclairage, de manière à ménager les contrastes. Il y a donc lieu, au cours de la séance, de modifier sans cesse la lumière, soit par les robinets ou mieux à l'aide de diaphragmes se rétrécissant à volonté, tels que l'œil-de-chat. Dans certains cas, comme nous avons eu l'occasion de le dire déjà, il est utile de ne pas mettre exactement au point, de manière à donner un certain flou aux images et les rendre en quelque sorte vaporeuses; on agira ainsi pour les apparitions, la projection des arcs-en-ciel, etc.

82. Écrans colorés. — Il est bon parfois de modifier la teinte du rayon de lumière à l'aide d'écrans colorés quelques auteurs ont recommandé, dans ce but, l'emploi des verres de couleurs, nous ne saurions partager cette manière de voir. Il est difficile de trouver des verres exempts de bulles et de stries; s'ils sont placés entre le condensateur et la vue, les imperfections sont amplifiées par l'objectif; si le verre est en avant de la vue, l'image présente des parties floues : en avant de l'objectif, les défauts sont moins apparents, mais si, pour teinter certaines parties de l'image

Fig. 39.

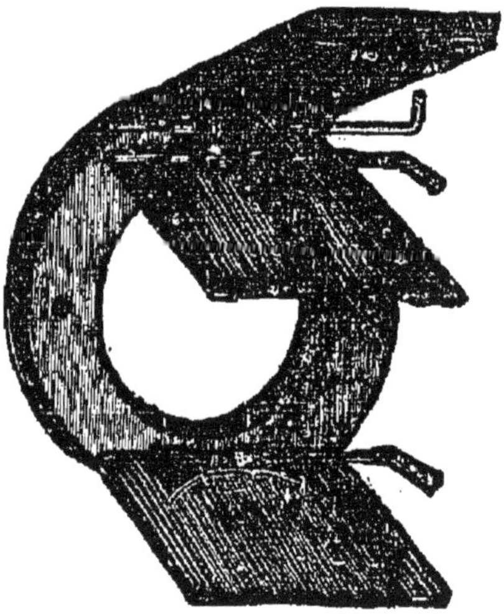

Teinteur.

seulement, on incline le verre, il se produit alors par réflexion une grande perte de lumière; on remarque en effet, dans ce cas, qu'une image secondaire est réfléchie sur le côté au dépens, bien entendu, de l'image principale. Enfin il est à noter qu'il est difficile de se procurer des verres ayant exactement les teintes voulues.

Pour ces diverses raisons nous conseillerons de préférence l'emploi des pellicules gélatinées. On les obtient facilement en talquant une plaque de verre ou mieux de glace et en recouvrant celle-ci d'une solution à 8 pour 100 de gélatine colorée avec un peu d'aniline. La gélatine devra être coulée à une température aussi près que possible de son point de prise en gelée, et le verre sera légèrement chauffé : on fera sécher sur une tablette exactement de niveau. Après complète dessiccation, on découpera au canif des lames de grandeur voulue, en général de 80mm sur 80mm, et la pellicule se détachera aussitôt. Ces écrans seront de préférence employés en avant de l'objectif; nous signalerons que divers appareils ont été créés dans ce but sous le nom de teinteurs (*fig.* 39); ils se composent de légers volets fixés à une couronne qu'on place sur la barrette de l'objectif : l'un d'eux est plein pour obtenir la fermeture de l'objectif; les autres servent à maintenir les pellicules colorées de gélatine plus ou moins inclinées sur l'axe du faisceau lumineux.

83. Méthodes de projection. — On sait qu'il y a deux méthodes de projection; dans l'une, dite par réflexion, l'appareil est placé du même côté que les spectateurs par rapport à l'écran; dans l'autre, dite par transparence, l'écran est interposé entre les spectateurs et l'appareil. C'est cette seconde méthode qui devra être préférée, car elle a l'avantage de ne pas laisser voir au spectateur les moyens employés pour lui procurer telle ou telle illusion; d'autre part, elle laisse plus de liberté à l'opérateur, qui peut, sans aucune gêne, procéder à son travail, en somme assez compliqué.

Cependant nous devons signaler que nous avons employé à plusieurs reprises une combinaison des deux méthodes, qui n'était pas sans présenter de réels avantages. Du côté des spectateurs nous mettions une lanterne simple destinée à projeter seulement le décor principal. La déperdition causée par la transparence de la toile était loin d'être une gêne, car il est utile dans ce cas que le décor ait peu d'intensité pour laisser plus d'importance aux sujets mouvementés qui sont produits par une seconde lanterne double, placée derrière la toile.

La plupart du temps, les vues prises sur nature suffisent pour fournir le décor voulu, mais en bien des cas nous avons eu recours aux lithographies qu'on trouve dans le commerce pour les théâtres d'enfants, dont quelques-unes sont parfaitement dessinées : nous les réduisions par la Photographie en ayant soin de ne pas mettre tout à fait au point, afin d'éviter la reproduction des duretés de l'estampe, qui auraient été exagérées plus tard par la projection.

84. Repérage des tableaux. — Quel que soit le moyen employé, il y a lieu de repérer très exactement les tableaux, surtout lorsqu'ils doivent se superposer. On a proposé à cet effet divers montages à vis de pression; notamment, un constructeur anglais bien connu, Hughe, a inventé un appareil compenseur pour les divers formats de vues montées.

Les vues doivent être centrées dans les deux sens : hauteur et largeur; pour le premier cas, on colle en dessous de la monture une bandelette de bois, de manière à hausser la vue de façon convenable; d'autre part, on fixe à une extrémité un taquet de bois, soit en dessus, soit latéralement, de telle sorte qu'il suffira de pousser les vues jusqu'à refus pour assurer le centrage.

Tel est, par exemple, le cas pour les deux vues ci-dessous (*fig.* 40 et 41) destinées à reproduire l'explosion d'un volcan. Les taquets C et D ont été disposés de manière à assurer l'exacte superposition du mouvement des fumées en B avec le sommet du volcan A. L'effet des fumées est produit par la rotation de la manivelle E.

Dans ce repérage, il convient d'affecter toujours chaque tableau à la même tête de l'appareil, et par suite il sera

Fig. 40.

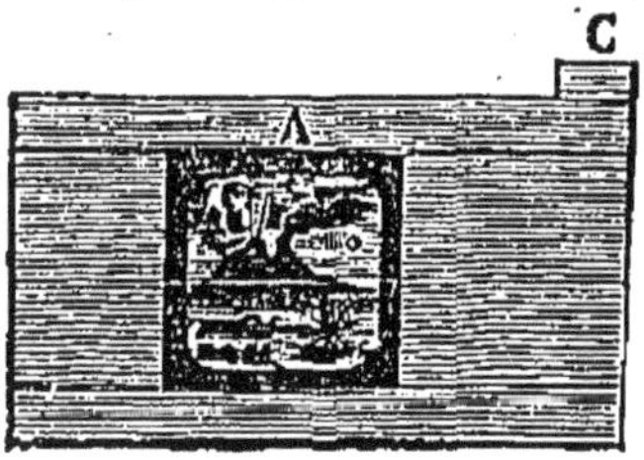

Fig. 41.

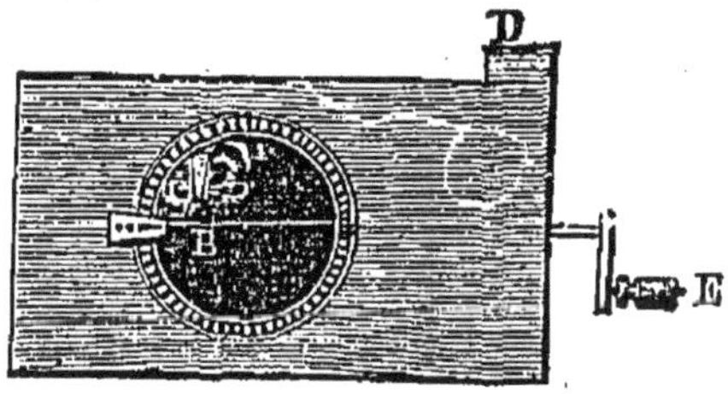

Repérage des tableaux (Collection Molteni).

utile d'indiquer sur la monture dans quel sens le tableau doit être introduit (¹) et pour quelle tête il est repéré : cette opération doit être faite à l'avance avec le plus grand soin, pour éviter ces tâtonnements qui indisposent le public et énervent l'opérateur.

85. Effets fondants. — Lorsqu'on doit substituer l'un à l'autre deux tableaux, on emploie, avons-nous dit, soit le robinet fondant, lorsqu'il s'agit de l'éclairage oxyhydrique, soit l'œil-de-chat, lorsqu'on emploie la lumière de pétrole ou l'électricité.

Ces effets fondants demandent de la part de l'opérateur une certaine habileté ; on ne doit pas chercher à fondre d'un mouvement lent, on n'obtiendrait qu'un effet déplorable, le mouvement doit au contraire s'accélérer peu à peu pour finir lentement. En effet, lorsque la lumière dans les deux

---

(¹) On sait que cette marque est placée au coin droit inférieur de la vue, celle-ci étant vue dans sa position normale. (Décision du Congrès.)

lanternes a la même intensité, l'une descendant, l'autre montant, il n'y a plus d'image sur l'écran : la superposition des deux vues ne produit qu'un voile blanchâtre dans lequel il est impossible de trouver les lignes de l'image qui disparaît et celles de l'image qui va apparaître. Cet instant d'indécision est très désagréable pour le spectateur et ne doit durer qu'un minimum de temps ; aussi conseillerons-nous, quel que soit le procédé de dissolwing employé, de diminuer d'abord lentement la lumière dans la première tête; dès que l'image commence à s'affaiblir, on accélère le mouvement jusqu'à ce que l'image nouvelle se précise et l'on finit d'ouvrir par un mouvement ralenti : cette méthode donne le meilleur résultat et n'est pas une cause de fatigue pour le spectateur.

86. Les accessoires. — Ces exhibitions, dans lesquelles on a cherché à reproduire la vie, seront heureusement complétées par des bruits divers rappelant ceux qui accompagnent d'ordinaire ces différentes manifestations de la vie. Sons affaiblis de cloche, sifflements du vent produits par une badine grinçant sur de la soie, grondements de tonnerre, fournis par une plaque de tôle, etc., etc. C'est par un judicieux emploi de tous ces « bruits de coulisse », que Robertson produisait, au commencement du siècle, ses fantastiques illusions de fantasmagorie qui faisaient courir tout Paris : ce sont là des auxiliaires précieux de ce genre de projections qu'on ne doit point négliger, mais qu'il faut savoir employer avec un certain tact pour éviter de tomber dans le grotesque.

87. Projections scientifiques. — Dans les pages qui précèdent, nous n'avons cherché à décrire que les méthodes pour confectionner les tableaux amusants; tous ces mécanismes pourront être employés à produire des tableaux d'un ordre plus élevé et qui serviront aux démonstrations scientifiques. Un tableau à double tiroir servira, par exemple, à démontrer la distribution de la vapeur dans les corps de pompe : le tableau fixe montrant la coupe du corps de pompe, sur un des tiroirs sera représenté le piston, sur l'autre le tiroir de distribution, et le jeu alternatif de ces deux verres mobiles permettra de faire voir les positions relatives de ces diverses pièces pendant leur action.

Les tableaux à engrenage ont été employés pour projeter les principaux phénomènes astronomiques : par exemple, la rotondité de la Terre se démontre à l'aide d'un tableau fixe sur lequel est représenté le globe terrestre (*fig.* 42); en

Fig. 42.

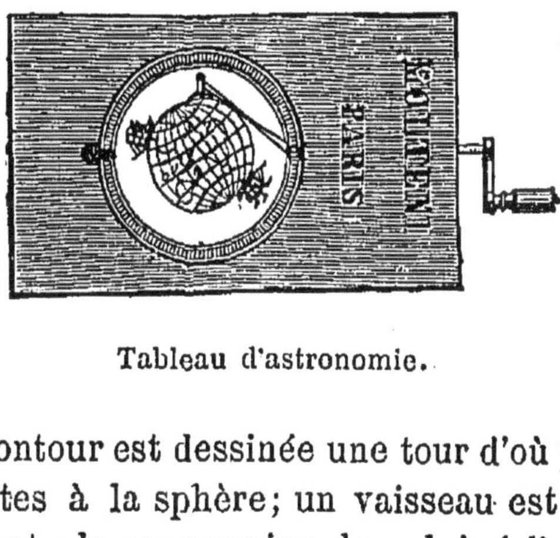

Tableau d'astronomie.

un point du contour est dessinée une tour d'où partent deux lignes tangentes à la sphère; un vaisseau est peint sur le disque tournant : la progression de celui-ci l'amène peu à peu à être recoupé par la tangente représentant le rayon visuel. On voit d'abord les mâts, puis peu à peu la carène, et ainsi se démontre la sphéricité de la Terre.

Toute une série de tableaux de ce genre peuvent être

facilement construits en se servant des modèles qu'on trouve dans tous les atlas : phases de la Lune, démonstration des marées, etc.; on les trouve du reste préparés dans le commerce [1].

Nous ne faisons qu'indiquer cette utilisation des tableaux mouvementés qui peuvent rendre de réels services à l'instruction.

88. Nous avons achevé notre tâche, nous efforçant de présenter de la façon à la fois la plus claire et la plus succincte la manière de confectionner et de projeter les tableaux mouvementés. Il y a là une source féconde à exploiter, et l'amateur qui voudra s'adonner à ce genre de vues pour la projection, s'apercevra bien vite, par les variétés des effets qu'on obtient ainsi, du parti qu'on en peut tirer pour éviter la monotomie des projections habituelles.

---

[1] Voir les collections de MM. Molteni, Clément et Gilmer, etc.

BIBLIOGRAPHIE.

MOIGNO (l'abbé). — *L'Art des projections*. In-18 jésus; 1872 (Paris, Gauthier-Villars).

The magic Lantern. How to buy, how to use it, also how to raise a ghost, by a mere phantom. 35e mille; 1886 (Londres, Houlston and Sons).

H. FOURTIER. — *La lanterne de projection*, manuel pratique. In-18 jésus; 1889 (Paris, A. Laverne et Cie).

MOLTENI. — *Instructions pratiques sur l'emploi des appareils de projection*. 3e édition. In-18 jésus; 1890 (Paris, chez l'auteur et à la librairie Gauthier-Villars et fils).

T. C. HEPWORTH. — *The book of the Lantern*. 3e édition; 1890 (Londres, Hazell, Watson and Viney).

FABRE (C.). — *Traité encyclopédique de Photographie*, Tome IV. Grand in-8; 1891 (Paris, Gauthier-Villars et fils).

FIN.

TABLE DES MATIÈRES.

CHAPITRE IV.

Panoramas simples et doubles.

CHAPITRE V.

Tableaux à levier.

CHAPITRE VI.

Tableaux à rotation.

CHAPITRE VII.

Tableaux doubles et tableaux de combinaison.

CHAPITRE VIII.

Les chromatropes.

CHAPITRE IX.

La projection du mouvement.

LES PHÉNAKISTICOPES.

CHAPITRE X.

Théâtres optiques.

CHAPITRE XI.

Projection des tableaux mouvementés.

FIN DE LA TABLE DES MATIÈRES.

Paris. — Imp. Gauthier-Villars et fils, 55, quai des Grands-Augustins

BIBLIOTHÈQUE PHOTOGRAPHIQUE

Balagny (**George**), Membre de la Société française de Photographie, Docteur en droit. — *Traité de Photographie par les procédés pelliculaires*. Deux volumes grand in-8, avec figures; 1889-1890.

On vend séparément :

TOME I: Généralités. Plaques souples. Théorie et pratique des trois développements au fer, à l'acide pyrogallique et à l'hydroquinone. 4 fr.

TOME II : Papiers pelliculaires. Applications générales des procédés pelliculaires. Phototypie. Contre-Types. Transparents. 4 fr.

Bertillon (**Alphonse**), Chef du Service d'identification (Anthropométrie et Photographie) de la Préfecture de police. — *La Photographie judiciaire*, avec un Appendice *sur la classification et l'identification anthropométriques*. In-18 jésus, avec 8 planches; 1890. 3 fr.

Bonnet (**G.**), Chimiste, Professeur à l'Association philotechnique. — *Manuel de Phototypie*. In-18 jésus, avec figures et une planche phototypique; 1889. 2 fr. 75 c.

Bonnet (**G.**). — *Manuel d'Héliogravure et de Photogravure en relief*. In-18 jésus, avec fig. et 2 pl. spécimens; 1890. 2 fr. 50 c.

Châble (**E.**), Président du Photo-Club de Neuchâtel. — *Les Travaux de l'amateur photographe en hiver*. 2e édition, revue et augmentée. In-18 jésus, avec 40 fig.; 1892. 3 fr.

Chapel d'Espinassoux (**Gabriel de**). — *Traité pratique de la détermination du temps de pose*. Grand in-8, avec nombreuses Tables; 1890. 3 fr. 50 c.

Congrès international de Photographie (Exposition universelle de 1889). — *Rapports et documents*, publiés par les soins de M. S. PECTOR, Secrétaire général. Grand in-8, avec figures et 2 planches; 1890. 7 fr. 50 c.

Davanne. — *La Photographie. Traité théorique et pratique*. 2 beaux volumes grand in-8, avec 234 figures et 4 planches spécimens. 32 fr.

On vend séparément :

Ire PARTIE : Notions élémentaires. — Historique. — Épreuves négatives. — Principes communs à tous les procédés négatifs. — Épreuves sur albumine, sur collodion, sur gélatinobromure d'argent, sur pellicules, sur papier. Avec 2 planches spécimens et 120 figures; 1886. 16 fr.

IIe PARTIE : Épreuves positives : aux sels d'argent, de platine, de fer, de chrome. — Épreuves par impressions photomécaniques. — Divers : Les couleurs en Photographie. Épreuves stéréoscopiques. Projections, agrandissements, micrographie. Réductions, épreuves microscopiques. Notions élémentaires de Chimie; vocabulaire. Avec 2 planches spécimens et 114 figures; 1888. 16 fr.

Donnadieu (A.-L.), Docteur ès Sciences, Professeur à la Faculté catholique des Sciences de Lyon. — *Traité de Photographie stéréoscopique. Théorie et pratique.* Grand in-8, avec figures et atlas de 20 pl. stéréoscopiques en photocollographie; 1892. 9 fr.

Fabre (C.), Docteur ès sciences. — *Traité encyclopédique de Photographie.* 4 beaux volumes gr. in-8, avec plus de 700 figures et 2 planches; 1889-1891. 48 fr.

Chaque volume se vend séparément 14 fr.

Tous les trois ans, un Supplément, destiné à exposer les progrès accomplis pendant cette période, viendra compléter ce Traité et le maintenir au courant des dernières découvertes.

Le premier SUPPLÉMENT (A) est mis en souscription. Il sera publié, comme les précédents volumes, en cinq fascicules, dont le premier a paru le 15 juillet 1892. La souscription sera close le 15 décembre 1892.

Prix du Supplément pour les souscripteurs. 10 fr.

Dès que le volume sera complet, le prix sera porté à 14 fr.

Fourtier (H.). — *Dictionnaire pratique de Chimie photographique*, contenant une *Étude méthodique des divers corps usités en Photographie*, précédé de *Notions usuelles de Chimie* et suivi d'une Description détaillée des *Manipulations photographiques.* Grand in-8, avec figures; 1892. 8 fr.

L'auteur, écartant avec soin toute théorie scientifique, s'est attaché exclusivement au côté pratique, de manière à faire de ce Dictionnaire un véritable *outil de travail*, donnant la valeur, le mode d'emploi rationnel et les propriétés spéciales des corps employés. Présentée sous une forme brève, concise et surtout avec une méthode rigoureuse, l'étude des divers corps est beaucoup facilitée et la recherche des renseignements utiles rapidement faite.

Des indications précises sur l'analyse pratique et les manipulations de laboratoires, ainsi que des tables de réaction, complètent le Dictionnaire et résument les notions de Chimie indispensables à l'amateur et au professionnel.

Fourtier (H.). — *Les Positifs sur verre. Théorie et pratique. Les Positifs pour projections. Stéréoscopes et vitraux. Méthodes opératoires. Coloriage et montage.* Grand in-8, avec figures; 1892. 4 fr. 50 c.

Sans parler des portraits sur glace transparente, si doux de modelé, et des jolis vitraux qu'il permet d'obtenir, l'usage des positifs sur verre se généralise de plus en plus, grâce à la lanterne de projection. Elle nécessite, en effet, l'emploi de tableaux d'une exactitude parfaite, plus fins et plus brillants que les épreuves sur papier, plus aptes à supporter le grossissement des lentilles, bref, remplissant un ensemble de *desiderata* auxquels peuvent seules répondre les épreuves stéréoscopiques.

Ces épreuves, le livre de M. Fourtier, *Positifs sur verre*, enseigne comment on peut les obtenir; abondant en tours de main usuels, en renseignements précis, il indique les écueils à éviter, les remèdes aux accidents survenus; en un mot, tout en exposant la théorie de chaque procédé, c'est surtout le côté pratique qu'il fait prédominer.

Fourtier (H.). — *La pratique des Projections. Étude méthodique des appareils et accessoires. Usages et applications diverses des projections. Conduite des séances.* 2 volumes in-18 jésus, avec figures; 1892.

TOME I. *Les Appareils*, avec 66 figures, 2 fr. 75 c.

TOME II. *La séance de projection*, avec figures. (*Sous presse.*)

Fourtier (H.), Bourgeois et Bucquet. — *Le Formulaire classeur du Photo-Club de Paris.* Collection de formules sur fiches renfermées dans un élégant cartonnage et classées en trois Parties : *Phototypes, Photocopies et Photocalques, Notes et renseignements divers,* divisées chacune en plusieurs Sections ; 1892.

Première série. 4 fr.

Fourtier (H.). — *Les Tableaux de Projections mouvementés.* Etude des Tableaux mouvementés; leur confection par les méthodes photographiques. Montage des mécanismes. In-18 jésus, avec 42 figures ; 1893. 2 fr. 25 c.

La Baume Pluvinel (A. de). — *Le développement de l'image latente* (Photographie au gélatinobromure d'argent). In-18 jésus; 1889. 2 fr. 50 c.

La Baume Pluvinel (A. de). — *Le Temps de pose* (Photographie au gélatinobromure d'argent). In-18 jésus, avec figures ; 1890. 2 fr. 75 c.

La Baume Pluvinel (A. de). — *La formation des images photographiques* (Photographie au gélatinobromure d'argent). In-18 jésus, avec figures ; 1891. 2 fr. 75 c.

Londe (A.), Chef du service photographique à la Salpêtrière. — *La Photographie instantanée.* 2e édition. In-18 jésus, avec belles figures ; 1890. 2 fr. 75 c.

Dédaigneux des tours de main, des formules mystérieuses que l'on cache avec un soin jaloux, M. Londe fait, dans cet Ouvrage, de la divulgation photographique.

Allégée de plusieurs pages qui exposaient certaines théories acceptées définitivement aujourd'hui, la seconde édition de la *Photographie instantanée* s'est enrichie de nombreux documents qui montrent cette importante question de l'instantanéité, enfin sortie de la routine et de l'empirisme, soumise à des méthodes précises, grâce auxquelles le praticien peut travailler avec logique et raison.

Londe (A.), Chef du service photographique à la Salpêtrière. — *Traité pratique du développement.* Etude raisonnée des divers révélateurs et de leur mode d'emploi. 2e édition, revue et augmentée. In-18 jésus, avec figures et 4 doubles planches en photocollographie ; 1892. 2 fr. 75 c.

Trop souvent, les opérateurs considèrent l'étude du développement comme accessoire, tandis qu'il peut, s'il est mal exécuté, faire manquer un cliché dont l'exposition aura été conduite avec tout le soin voulu. Dans son Ouvrage, M. Londe, après avoir brièvement indiqué l'importance décisive de cette opération, montre qu'il ne suffit pas de donner des formules avec minutie, mais qu'il est nécessaire de connaître les règles générales pouvant servir de guide, quels que soient la formule adoptée, le procédé suivi. Il parle ensuite des divers révélateurs et surtout indique comment ils doivent être employés.

Ce livre, dont la première édition a été si vite épuisée, est destiné au débutant, qu'il initie à toutes les finesses des divers procédés, à nombre de nuances souvent imperceptibles, mais d'un intérêt capital pour la réussite du développement.

Mercier (P.), Chimiste, Lauréat de l'École supérieure de Pharmacie de Paris. — *Virages et fixages. Traité historique, théorique et pratique.* 2 vol. in-18 jésus ; 1892. 5 fr.

On vend séparément :

Ire PARTIE : Notice historique. Virages aux sels d'or. 2 fr. 75 c.
IIe PARTIE : Virages aux divers métaux. Fixages. 2 fr. 75 c.

Pizzighelli et Hübl. — *La Platinotypie. Exposé théorique et pratique d'un procédé photographique aux sels de platine, permettant d'obtenir rapidement des épreuves inaltérables.* Traduit de l'allemand par HENRY GAUTHIER-VILLARS. 2e édition, revue et augmentée. In-8, avec figures et platinotypie spécimen ; 1887.
Broché......... 3 fr. 50 c. | Cartonné avec luxe. 4 fr. 50 c.

Soret (A.), Professeur de Physique au Lycée du Hâvre. — *Optique photographique.* Notions nécessaires aux photographes amateurs. Étude de l'objectif. Applications. In-18 jésus, avec figures ; 1891. 3 fr.

Dans aucun Ouvrage, jusqu'à ce jour, il n'était possible de trouver réunies, sous une forme concise, les notions d'Optique nécessaires à l'amateur photographe. Habitué par un enseignement de tous les jours à la démonstration des principaux phénomènes lumineux, M. Soret vient de publier un livre tout élémentaire, où il a étudié la marche d'un faisceau lumineux à travers une lentille, les différentes combinaisons optiques, employées en Photographie, et le choix d'un objectif approprié au genre de travail à exécuter.

Vidal (Léon). — *Manuel pratique d'Orthochromatisme.* In-18 jésus, avec figures et 2 planches, dont une en photocollographie et un spectre en couleur ; 1891. 2 fr. 75 c.

Vieuille (G.). — *Nouveau Guide pratique du photographe amateur.* 3e édition, entièrement refondue et beaucoup augmentée. In-18 jésus, avec figures ; 1892. 2 fr. 75 c.

Ce *Nouveau Guide pratique du photographe amateur* pourrait être plus long ; il ne pourrait être plus complet. Il ne contient que ce qu'il faut, mais il contient tout ce qu'il faut.

Deux éditions enlevées en peu de temps prouvent que cet Ouvrage était nécessaire ; nous pouvons affirmer qu'en dépit de sa concision il est suffisant.

Villon (A.-M.), Ingénieur-Chimiste, Professeur de Technologie. — *Traité pratique de Photogravure sur verre.* In-18 jésus ; 1890. 1 fr.

Wallon (E.), Professeur de Physique au Lycée Janson de Sailly. — *Traité élémentaire de l'objectif photographique.* Grand in-8, avec 135 figures ; 1891. 7 fr. 50 c.

Ce Traité s'adresse à ceux qui veulent choisir, en connaissance de cause, l'appareil dont ils ont besoin et apprendre les procédés opératoires permettant de l'étudier dans ses diverses parties ; à tous ceux qui désirent savoir comment les rayons lumineux sont guidés dans leur marche par l'art de l'opticien. En un mot, cet Ouvrage, comme l'*Optique photographique* de Monckhoven, depuis longtemps épuisée, intéresse les amateurs et les praticiens.

Paris. — Imp. Gauthier-Villars et fils, 55, quai des Grands-Augustins.

Paris. — Imp. Gauthier-Villars et fils, 55, quai des Grands-Augustins.

www.ingramcontent.com/pod-product-compliance
Ingram Content Group UK Ltd.
Pitfield, Milton Keynes, MK11 3LW, UK
UKHW031923260826
14628UKWH00003B/1378

9 782013 430364